Carola Kusch

Die 100 besten Tipps Hundeerziehung

Artgerecht und natürlich

LUDWIG

Inhalt

Das beste Vorbild gibt uns die Natur selbst: Die Erziehung der Hundemutter.

Welpen können nicht früh genug erzogen werden: Je eher, desto besser.

Beim Junghund ist Konsequenz besonders wichtig.

Vorwort

Hunde gehören heute ganz selbstverständlich als vollwertige Familienmitglieder zu uns Menschen. Kein anderes Tier teilt so bedingungslos unser Leben wie sie. Hunde sind Tröster, Freunde und Begleiter, verwandeln so manche Ein- in Zweisamkeit und schenken uns ihre ungeteilte Zuneigung. Hunde sind dafür prädestiniert, denn sie sind von Natur aus fröhlich, verspielt, jederzeit zu Unternehmungen bereit und unglaublich anpassungs- und lernfähig.

Die Erziehung seines Hundes nach dem ersten Lebensjahr zu beginnen, wäre gleichbedeutend damit, seine Kinder erst nach dem 16. Geburtstag zu erziehen!

Die richtige Erziehung des Hundes

Leider ist uns Menschen etwas verloren gegangen, was viele Jahrtausende hindurch anscheinend gut funktioniert hat: das Verständnis und die Achtung für ein sozial sehr hoch entwickeltes Lebewesen. Tierärzte, Hundeschulen und Hundesportvereine können ein Lied von den so genannten »Problemhunden« singen, die auf Zuruf nicht zurückkommen, wenn sie von der Leine gelassen werden, die im häuslichen Bereich nicht gehorchen und auch sonst allerlei Unarten an den Tag legen. Dabei könnten viele Schwierigkeiten durch die richtige und natürliche Erziehung von Vornherein vermieden werden.
Mit diesem Buch möchte ich Ihnen das Lebewesen Hund näherbringen und Ihnen helfen, gravierende Erziehungsfehler von Anfang an zu vermeiden. Es geht hierbei nicht darum, Ihren Hund in einer bestimmten Richtung auszubilden, sondern ihn durch eine natürliche, artgerechte Erziehung zu einem zuverlässigen Partner zu machen, der Ihnen freudig gehorcht und somit nicht zu einer Gefahr für sich oder andere wird. Um ihm dies beizubringen, ist es wichtig, dass Sie möglichst viel wissen über seine Verhaltensweisen und seine Art des Lernens. Denn wer lehren will zu lernen, muss zuerst lernen zu lehren! In diesem Sinn wünsche ich Ihnen viel Freude mit Ihrem Hund!

Carola Kusch

Wolfexperte und Verhaltensforscher Dr. Erik Zimen

Der Hund stammt vom Wolf ab

Es ist jedes Jahr gleich faszinierend: Anfang Juni sind die Wolfswelpen vier Wochen alt und kommen zum ersten Mal vorsichtig aus dem Bau, vom ganzen Rudel schon sehnsüchtig erwartet. Alle wollen sie die Welpen endlich beschnüffeln, lecken, füttern und versorgen. Anfänglich sind die Kleinen ob so viel Zuneigung etwas eingeschüchtert. Bald aber lernen sie, dass alle diese großen, grauen Wölfe hier draußen nur ihr Bestes wollen. Und das nutzen sie schamlos aus. Sie klettern über die Großen, ziehen an ihrem Fell, zerren an ihrem Schwanz, bohren ihre Schnauze in ihre Ohren oder lecken ihre Gesichter. Kein Erwachsener bleibt von ihrer Begeisterung verschont, keiner wehrt sich aber auch. Es ist vielmehr so, als suchten die Erwachsenen diese Horde von Quälgeistern geradezu auf, um sich wieder einmal traktieren zu lassen. Erziehung, so antiautoritär, wie es nicht konsequenter sein könnte. Ein Traum für jeden Welpen. Die perfekte Familie? Nicht ganz, denn bald ändern sich die Verhältnisse. Ein erstes leises Knurren beim allzu stürmischen Überfall kündigt an, dass auch die Freiheit kleiner Wölfe ihre Grenzen hat, die dann immer enger gezogen werden. Schon im Alter von zwei Monaten – im gleichen Alter, also in dem ihre domestizierten Artgenossen, Hundewelpen, in ihre Familien kommen – müssen die Wolfswelpen manch einen Über-die- Schnauze-Biss (die wölfische Art, »Nein« oder »Pfui« zu sagen) über sich ergehen lassen. Schon im Alter von einem halben Jahr müssen sie alle Regeln des Gehorsams erlernt und sich mit einem Jahr schließlich ganz und gar in die Rangordnung des Rudels eingefügt haben. Das alles geht nicht ohne Druck, der mitunter sogar recht schmerzhaft sein kann. Liebevoll und zugleich konsequent streng – wenn die Erziehung bei den Wölfen anders wäre, würde kein Welpe überleben. In ihrer Umwelt bedeutet ein Fehler zu viel bei der Jagd, beim Schutz vor den Menschen oder im Verhalten fremden Wölfen gegenüber oft genug den Tod. Unsoziales Verhalten im Rudel ebenso. Die inzwischen autoritär gewordene Erziehung hilft also letztendlich auch den heranwachsenden Jungwölfen bei ihrer Eingliederung in ihre Welt.

Die Erziehung eines Welpen sollte mit dem Tag der Übernahme beginnen. Das Vorbild aus der Natur zeigt uns, dass nur dies artgerecht ist.

Das Wolsfrudel als Vorbild

Bei der notwendigen Eingliederung in unsere Welt mag für unsere Hunde vieles anders sein als dort draußen in der Wildnis. Und so mag auch die Erziehung des jungen Hundes anders sein als die des jungen Wolfes. Nur: Weniger gefährlich ist die Welt des Hundes mit all den Autos und den vielen Jägern gewiss nicht. Und sozial weniger anspruchsvoll als das Wolfsrudel ist die menschliche Familie auch nicht. Auch unsere Hunde müssen lernen, Gefahren aus dem Weg zu gehen, Regeln einzuhalten und sich immer wieder neu an das Leben zusammen mit ihren, diesmal zweibeinigen, »Rudelgenossen« anzupassen. Daher denke ich, gibt es kein besseres Modell für die Erziehung unserer jungen Hunde als das des Wolfsrudels. Hier erkennt man, wie notwendig Konsequenz, wie wichtig zugleich Liebe und Strenge für das Wohl aller Beteiligten sind. Aber wie man dieses Modell in die Tat umsetzt, das lehrt uns die Natur nicht. Denn unsere Sprache ist eine andere als die der Wölfe und Hunde. Wir können ihre Sprache zwar verstehen lernen, aber uns wie sie mit ihrem Schwanz, mit ihren Ohren und Augen, mit ihren Schnauzen, mit ihrer ganzen Körperhaltung

Fachleute in Sachen Hund haben festgestellt, dass Vierbeiner ohne ausreichende Erziehung weniger Freiheiten genießen können und unglücklicher sind als ihre gut erzogenen Artgenossen.

Wölfe sind vorbildliche Eltern. Von ihrem Verhalten lernen wir am meisten für eine richtige Hundeerziehung.

verständigen, mit ihren Gerüchen und Geräuschen – das können wir nicht. Doch das brauchen wir auch nicht. Denn so wie wir ihre, so können sie auch unsere Sprache verstehen lernen, wenn sie einfach und eindeutig bleibt. So gilt es für den Umgang mit dem Hund, für seine Erziehung und für den Alltag, eine Sprache zu entwickeln, die er versteht, die auf seine intellektuellen wie wahrnehmerischen Fähigkeiten Rücksicht nimmt und die er daher auch befolgen kann. Das Buch von Carola Kusch versucht diese Sprache zu entwickeln. Es zeigt, wie einfach es sein kann, dem Hund auf natürliche Art und Weise klar zu machen, was er in unserer Gesellschaft alles machen und – für alle Beteiligten viel wichtiger – nicht machen darf, aber auch, auf welche Weise ein Hund lernt oder warum er Führung braucht. (Letzteres sogar mehr als der junge Wolf, der langsam zu einem Vollmitglied seines Rudels heranwächst und dann selbst die Führung übernimmt, während der Hund sein Leben lang in der menschlichen Familie sozusagen verjugendlicht bleibt.) Es zeigt, wie man den Hund zugleich spielerisch und doch ganz ernst erziehen kann. Und das heißt, den Hund rechtzeitig zu ermahnen, wenn es nötig ist, ihn aber sonst ihn selbst sein zu lassen, wann immer es möglich ist.

Gute Hundeerziehung sollte wie in der Natur dem Alter des Hundes entsprechend von spielerischen Ansätzen langsam zum Ernst des Lebens führen.

Was will man mehr von einem guten Hundebuch, als dass es nach all diesen unsaglichen, weil unhündischen Ergüssen über Drill und Dressur einerseits und »sanfte Erziehung ohne Zwang« andererseits, endlich einmal wieder den Hund mit seinen wirklichen Bedürfnissen und seinen Fähigkeiten in den Mittelpunkt stellt. In diesem Sinn wünsche ich diesem Buch viele einsichtige Leser. Von ihren Familien, von all den bissgefährdeten Postboten oder Joggern, von bellgeschädigten Nachbarschaften, verängstigten Kindern oder all den anderen Leidtragenden aggressiver, nicht erzogener, vermenschlichter Hunde in unserer Gesellschaft dürfen Sie allerdings deshalb keinen besonderen Dank erwarten. Das Einfache, das Selbstverständliche wird eben nicht erkannt, geschweige denn gewürdigt. Ihr Hund aber, der wird sich freuen, wenn Sie ihm von nun an ganz natürlich – also konsequent und doch ohne ihn ständig zu bevormunden – zeigen, wo es lang geht.

Dr. Erik Zimen, Grillnöd, 94542 Haarbach

Die Hundemütter erziehen ihre Welpen liebevoll, aber bestimmt und eindeutig.

Die Erziehung des Hundes

Unsere heutigen Haushunde stammen nach neuesten Erkenntnissen durchweg vom Wolf ab. Egal, ob Sie nun einen kleinen oder großen Hund besitzen, egal, ob dieser einen Stammbaum oder nur einen Baumstamm besitzt, egal, ob er lang-, kurz- oder stockhaarig ist, alle gehen auf diesen einen Ahnen zurück. Deshalb schlummert in jedem Einzelnen unserer Haushunde noch immer das Erbe seiner Vorfahren, mag er auch noch so klein und putzig sein. Verhalten und Instinkte des Wolfes sind in jedem Hund genetisch enthalten. Wo also könnten wir besser erfahren, wie man die Welpen am »hundeartigsten« erzieht, als bei den Hunden selbst? Natürlicher und artgerechter als bei den eigenen Eltern können Welpen kaum großgezogen werden.

Sie müssen den Wolf, seine Lebensgewohnheiten und Vorlieben kennen, um den Hund angemessen erziehen zu können.

Ohne Zwang erziehen

Heute gibt es sehr viele Lehrbücher, die verschiedenste Methoden der Hundeausbildung vorstellen. Die meisten von ihnen zielen auf eine völlig zwangfreie Erziehung ab, was im Grunde nicht unbedingt verkehrt ist. Aber mit vielen Methoden der sanften Ausbildung verhält es sich ähnlich, wie mit der antiautoritären Erziehung: Allzuviel ist ungesund. Und viele Hundehalter von heute sind nicht einmal mehr in der Lage, ihren Hund auf völlig einfache Art, nämlich ganz natürlich zu halten und zu erziehen. Wie sollen sie dann verstehen, was der tiefere Sinn und das Ziel einer abstrakten Methode ist?
Schauen Sie sich einmal an, wie eine instinktsichere Hündin mit ihren Welpen umgeht. Sie schreit nicht herum, wenn sie sich schlecht benehmen; sie packt sie aber auch nicht in Watte oder bemitleidet sie gar, wenn sie sich vor etwas Neuem fürchten; wenn sie frech werden, straft sie kurz und zackig, und dennoch lieben sie ihre Mutter.

Sie besteht auf der Einhaltung der Rangordnung, und die Welpen akzeptieren glücklich den ihnen zugewiesenen Platz; sie braucht keine Leine, und dennoch folgen ihr die Welpen überall hin. Ein Blick von ihr genügt meist, und ihre Jungen wissen, was sie von ihnen erwartet. In dem Moment, in welchem die kleinen Hunde zu ihren neuen Besitzern kommen, übernimmt der Mensch die Verantwortung für die weitere Entwicklung des Welpen. Er täte gut daran, die konsequente Erziehung der Mutter fortzuführen.

1

Gute Züchter erkennen Sie daran, dass sie Sie bitten, Ihren Welpen schon ab der 4. Lebenswoche mehrmals zu besuchen, also während er noch bei seiner Mutter ist.

Der Mensch als Leithund

Doch welch ein Unterschied! Der Mensch gibt dem Welpen einen alten Schuh zum Spielen, und schreit dann herum, wenn sich der Kleine auch an den neuen Schuhen vergreift. Wenn der Welpe sich vor einer unbekannten Situation fürchtet, wird er bemitleidet und verhätschelt und so in seiner Furcht auch noch bestätigt. Schießt der Welpe beim Spielen mit seinem menschlichen Partner übers Ziel hinaus und zwickt ihn, steht dieser dem kleinen Hundebündel hilflos gegenüber. Verlangt der Mensch ein einfaches »Sitz« vom Welpen und dieser

Der Wolf ist der Urvater aller Rassen unserer heutigen Haushunde.

führt es nicht aus, dann »hat er halt heute keine Lust«. Beim Spaziergang traut sich der Mensch dann nicht, den Welpen abzuleinen, weil er sonst nicht mehr zu erwischen ist. Merken Sie etwas?

Der Hund lernt vom Menschen

Was für einen schlechten »Leithund« gibt der Mensch in diesen Beispielen ab! Nachgiebig, inkonsequent und nicht selten auch noch unsicher präsentiert er sich dem Welpen aus falsch verstandener Tierliebe vom ersten Tag an. Dieser aber macht nichts anderes, als seinen Menschen den ganzen Tag intensiv zu beobachten – auch wenn es nicht so wirkt! Alle unsere Aktionen und Reaktionen werden genau registriert. Und je nachdem, wie wir uns verhalten, fällt bereits beim Welpen die erste Vorentscheidung: »Mein zweibeiniger Leithund weiß, was er tut. Er ist berechenbar, sicher und konsequent. Ich fühle mich bei ihm gut aufgehoben und akzeptiere ihn als meinen Boss.« Oder aber: »Dieser Zweibeiner ist für mich unberechenbar. Mal lässt er mich alles tun, mal darf ich gar nichts. Er macht mir Angst, ohne dass ich verstehe, warum das so ist. Er überschüttet mich mit Liebenswürdigkeit ohne irgendeinen Grund. Ich verstehe das Leben mit den Menschen nicht. Ich fürchte mich mit diesem Chef vor allem und jedem. Wäre es besser, ihn irgendwann abzusetzen und selbst die Führungsposition zu übernehmen?« Sie sehen, ein Welpe lernt in seinen ersten Lebenswochen sehr schnell und sehr viel. Alles, was er jetzt lernt und relativ zwanglos erfährt, ist prägend für sein gesamtes weiteres Leben. Wenn Sie es versäumen, diese Zeit zu nutzen, werden Sie sich im Erwachsenenalter Ihres Hundes mit Sicherheit sehr viel schwerer mit seiner Erziehung tun. Manches lässt sich niemals mehr nachholen. Beginnen Sie rechtzeitig: in Ihrem Interesse!

2

Reden Sie in normaler Lautstärke mit Ihrem Hund. Hunde, die immer angeschrien werden, reagieren irgendwann nur noch auf Gebrüll. Ihrem Besitzer bleibt keine Steigerung mehr für echte Notfälle.

Achtung! Genauso schnell, wie Ihr Hund richtiges Verhalten lernt, eignet er sich auch negative Verhaltensweisen an. Prüfen Sie sich und Ihr eigenes Verhalten deshalb in einer stillen Stunde ganz ehrlich: Welches Vorbild geben Sie ihm? Hat er eine Chance, richtiges Verhalten abzuschauen?

Wenn Hunde Probleme machen

Problemhunde sind zum überwiegenden Teil das Produkt einer grundfalschen Erziehung durch den Menschen: Dominantere Vertreter unter den Hunden werden sehr schnell versuchen, den unfähigen Anführer – das so genannte Herrchen – abzusetzen. Unterwürfige, ängstliche Vierbeiner entwickeln rasch Neurosen und haben vor allem und jedem Angst. Natürlich sind Hunde mit derart unangenehmen Verhaltensweisen eine Belastung für den jeweiligen Besitzer. Nicht selten suchen diese dann irgendwann den Tierarzt, eine Hundeschule oder einen Hundesport treibenden Verein auf.
Sie haben einen rüpelhaften Halbstarken an der Rollleine oder einen schüchternen Hasenfuß hinter den Beinen und beklagen sich über die unglaublichen Unarten ihres Hundes. Dabei spielen die Größe oder Rasse des Hundes nicht unbedingt eine Rolle.
Hunde kleiner Rassen werden oft noch stärker verzogen als große Hunde, weil ihre Menschen nicht begreifen, dass in einem kleinen Körper ein erwachsener Kopf steckt und selbstverständlich der Urahne Wolf sein unauslöschliches Erbe hinterlassen hat.

3

Behandeln Sie Hunde aus kleinen Rassen niemals wie Babys! Sie sollten ebenso konsequent erzogen werden wie ihre großen Kollegen.

Flegelhafte Junghunde, die an der Leine zerren, gibt es in jeder Rasse.

Die traditionelle Hundeerziehung

Lassen Sie uns einen kurzen Blick in die Vergangenheit werfen: Noch vor nicht ganz hundert Jahren herrschten bei der Hundeerziehung äußerst raue Sitten. Im ersten Lebensjahr wurde der Vierbeiner so gut wie gar nicht gefördert und an das gemeinsame Leben mit all seinen Anforderungen gewöhnt.

Erst den erwachsenen Hund erzog man. Aber auf welche Weise! Ein so aufgewachsener Hund hatte kaum etwas anderes erfahren, als seine eigenen Eindrücke als alleinige Wahrheit anzusehen. Da kann man sich ohne allzu große Mühe vorstellen, dass es ihm äußerst schwer fiel, sich unterzuordnen und einzufügen. In den meisten Fällen stellte sich der Hund gegen die – im wahrsten Sinn des Wortes! – schlagartigen Erziehungsmaßnahmen seines Herrn, da er sich plötzlich in seiner Existenz bedroht fühlte. Hierfür wurde der junge erwachsene Vierbeiner windelweich geprügelt, was ihm unmissverständlich und für den Rest seines Lebens klar machte, wer sein Herr war. Erstaunlicherweise wurden die meisten so erzogenen Hunde recht gehorsame Haus- und Hofgenossen und waren extrem treu und ergeben, auch wenn sie die Befehle ihres Herrn oft sehr ungern ausführten.

4

Informieren Sie sich vor dem Kauf eines Welpen genau über die Eigenschaften der Hunderasse Ihrer Wahl.

Hunde mit Verständnis erziehen

In den vergangenen dreißig bis vierzig Jahren hat in punkto Hundeerziehung ein gewaltiges Umdenken stattgefunden. Die Menschen haben gelernt, dass ein so hochgradig sozial veranlagtes Lebewesen wie der Hund nicht halbtot geschlagen werden muss, um ihm unmissverständlich klar zu machen, wo sein Platz in der menschlichen Gemeinschaft ist. Die beste Erziehung ist die liebevoll konsequente.

Wichtig Im jungen Leben eines Hundes gibt es Phasen, in denen er außerordentlich leicht, gern und nachhaltig für sein ganzes Leben lernt, die so genannten Prägungsphasen. Nutzen Sie sie in Ihrem Sinne.

Beobachten Sie einmal, wie natürlich und artgerecht eine instinktsichere Hündin ihre Welpen erzieht.

Um verständnisvoll mit einem Hund umgehen zu können, ist es unumgänglich, seine angeborenen Triebe zu kennen. Vom Menschen in die richtigen Bahnen gelenkt, erleichtern sie die Erziehung des Hundes sehr. Fast ohne allen Zwang können wir Menschen unserem Vierbeiner vom Welpenalter an alles beibringen, was er für sein Leben in der menschlichen Gemeinschaft benötigt.

Denken Sie zurück an die Hundemutter: Ihre Erziehung ist vorbildlich, liebevoll und dennoch konsequent bis ins Detail. Nirgends ist zu viel, nirgends zu wenig, aber immer ist sie artgerecht. So sollten auch wir Menschen unseren Welpen großziehen. Sofern es uns gelingt, wird unser kleiner Welpe zu einem verlässlichen Mitglied der Familie heranwachsen. Er wird seinen Platz im »Rudel« kennen und im Rahmen dessen dennoch seine eigentlichen Bedürfnisse ausleben dürfen.

Dabei aber sollten wir allerdings die Abstammung unseres Haushundes nie vergessen! Wie wir gesehen haben, wurde früher mit viel zu rauen Methoden in der Erziehung der Hunde gearbeitet. Unsere Zeit birgt jedoch schon die Gefahr der artwidrigen Vermenschlichung unserer vierbeinigen Partner. Oft werden die Nachfahren des Wolfes zu Schoßhündchen verzogen.

5

Dominante Welpen sollten von den Kindern der Familie unter Aufsicht gefüttert und gebürstet werden. So lernen sie schnell, dass Kinder in der Rangordnung über ihnen stehen.

Jeder Hundebesitzer, der seinem an der Leine zerrenden Hund einen kurzen Leinenruck versetzt, muss beinahe mit einer Anzeige wegen Tierquälerei durch zufällige Beobachter rechnen. Was ist also richtig und was falsch? Das zu beurteilen, ist nicht schwer.
Betrachten Sie Ihren Hund nicht als dummen Schüler, denn das ist er nicht. Versuchen Sie ihn als das zu sehen, was er ist: ein andersartiger Partner mit hervorragenden Talenten, die unser menschliches Vermögen zum Teil weit übersteigen. Aber betrachten wir nun zuerst einmal die Prägungsphasen des Hundes.

Die prägenden Phasen

Es gibt bestimmte Lebensabschnitte im Leben eines jungen Hundes, während derer er entwicklungsbedingt besonders aufnahmefähig für bestimmte Dinge ist und folgerichtig besonders leicht lernt.
Wenn Sie diese so genannten Prägungsphasen kennen, dann wird Ihnen die Erziehung Ihres kleinen Welpen erheblich leichter fallen. Sie wissen dann, welchen Dingen seine Aufmerksamkeit gilt, und Sie können angemessen und gezielt darauf eingehen.

6

Züchter, die Ihnen den Besuch Ihres Welpen bei der Mutterhündin verweigern, haben etwas zu verbergen. Lassen Sie besser die Finger von diesem Welpen!

Erste Entwicklungsphase: 1. bis 3. Woche

Die erste und zweite Lebenswoche bezeichnen Fachleute als vegetative Phase, die dritte Woche als Übergangsphase. In dieser Zeit sind sämtliche Sinne der Welpen nur aufs Überleben ausgerichtet. Schlafen, Trinken und Kotabsetzen bestimmen ihren gesamten Tagesablauf. Über diese Verrichtungen hinaus nehmen sie ihre Umwelt nicht wahr, da sie zu diesem Zeitpunkt noch vollkommen blind und taub sind. Ihr Bewegungsradius ist noch sehr gering.
Erst gegen Ende der dritten Woche erwachen auch diese Fähigkeiten. Wärme, Nahrung, Massage und Schlaf sind alles, was die Welpen in dieser Zeit benötigen. All das wird ihnen von ihrer Mutter gegeben, von der man sie in dieser Phase unter keinen Umständen trennen sollte. Menschen können diese Art Nestwärme nur schwer ersetzen.

Zweite Entwicklungsphase: 4. bis 7. Woche

Diese Phase wird auch erste Prägungsphase genannt. Denn mit dem fast schlagartigen Erwachen ihrer Sinne setzt für die Welpen ein neuer Lebensabschnitt ein. Ihr Gehirn ist nun funktionsfähig und wird gegen Ende der siebten Lebenswoche ausgewachsen sein. Besonders bemerkenswert ist während dieser Phase die vierte Lebenswoche, in welcher der kleine Hund nun zum ersten Mal in seinem Leben Geräusche in ungeahnter Vielzahl wahrnehmen kann und auch Bewegungen, Gegenstände und den Wechsel zwischen Tag und Nacht bemerkt. Da nun fast von einer Stunde auf die andere Umwelterscheinungen in für den Welpen schier unüberschaubarer Menge auf ihn einwirken, ist er zuerst einmal ungeheuer beeindruckt. Er benötigt einige Zeit, bis er in der Lage ist, all die neuen Eindrücke mit einer gewissen Gelassenheit aufzunehmen. Welpen sind in dieser kritischen vierten Woche außerordentlich sensibel. Sie sollten in dieser Zeit nicht von der Mutter getrennt werden, um Dauerschäden an ihrem Wesen bzw. dem Charakter zu verhindern.

Wichtig Nehmen Sie während der vierten Lebenswoche besonders viel Rücksicht auf Ihren Welpen. Da er nun zum ersten Mal die Welt um sich herum bewusst wahrnimmt, sollte zwar kein Zwang ihm gegenüber angewandt werden, er sollte aber dennoch so viel Erfahrungen wie möglich sammeln können. Schaffen Sie Erfahrungsmöglichkeiten!

7

Ab der vierten Woche beginnen die Welpen, feste Nahrung zu sich zu nehmen. Halten Sie deshalb nach der Übernahme stets frisches Wasser bereit – es ist wichtig für die Gesundheit Ihres Welpen.

Die Lernbereitschaft ist in dieser Phase insgesamt groß, und alle gesammelten Eindrücke prägen sich tief in das Gehirn der Welpen ein. Gute Züchter bereiten jetzt schon ihre Welpen auf das Leben in einer von Menschen errichteten Umgebung vor: Die jungen Hunde sollten während dieser Zeit verschiedene Bodenstrukturen kennenlernen, wie Gras, Asphalt, Steinstufen, Gitterroste. Auch Geräusche von Maschinen wie Rasenmähern, Autos, Waschmaschinen oder der Fernseher sind gewöhnungsbedürftig.

In dieser Zeit beginnt die Sozialisierung mit den Geschwisterwelpen. Auch die Sozialisierung mit dem Menschen sollte unbedingt während dieser Phase begonnen werden. Nur frühzeitig gefördertes Vertrauen zwischen Mensch und Hundewelpen ermöglichen dem Hund das Leben unter und mit dem Menschen. Forscht man bei schwierigen Hunden einmal in ihrer Kinderstube nach, stellt sich fast immer heraus, dass sie ohne genügend menschlichen Kontakt in abgelegenen Zwingern gezüchtet worden sind. Sie werden für ihr ganzes Leben eine gewisse Scheu und Misstrauen gegenüber Menschen an den Tag legen, besonders bei fremden Personen.

8

Sorgen Sie für gleichaltrige Spielpartner Ihres Welpen. Vielleicht gibt es in Ihrer Gegend gute Welpenspielkurse. Ihr Züchter kann Ihnen darüber sicher Auskunft geben.

Dritte Entwicklungsphase: 8. bis 12. Woche

Man nennt diesen Entwicklungszeitraum auch Sozialisierungsphase. Deshalb werden Welpen im Allgemeinen mit dem Erreichen eines Alters von acht Wochen an den zukünftigen Besitzer abgegeben. In diesem Alter sollte der Welpe noch viel Gelegenheit erhalten, mit anderen Welpen zu spielen, damit er ein positives soziales Verhalten unter seinen Artgenossen entwickeln kann.

Auch nach der Übernahme durch ihren neuen Besitzer sollten Welpen noch viel Gelegenheit haben, mit gleichaltrigen Artgenossen zu spielen.

Andere Züchter geben ihre Welpen erst mit Ende der zwölften Woche ab, damit sie weiterhin ihre Sozialisierung mit den Geschwisterwelpen fortführen können. Gleichzeitig muss unbedingt die regelmäßige, individuelle Beschäftigung mit dem Menschen gewährleistet sein.
In dieser Zeit soll dem Hund gegenüber zwar kein Zwang angewandt werden, doch der neue Besitzer darf und soll gewisse Grenzen konsequent ziehen. Bei den frei lebenden Hundeartigen, in der Fachsprache als Caniden bezeichnet, sorgen dafür die Elterntiere.

9

Hundefachleute raten, erst dann einen Hund anzuschaffen, wenn das jüngste Kind in den Kindergarten geht. So werden Missverständnisse zwischen Hund und Kleinkind weitgehend vermieden.

Vierte Entwicklungsphase: 13. bis 16. Woche

Dieser Lebensabschnitt heißt auch Rangordnungsphase und bildet zusammen mit der vorangegangenen Sozialisierungsphase die so genannte zweite Prägungsphase. In der Rangordnungsphase testen die meisten Welpen zum ersten Mal aus, wie weit sie gehen können bzw. dürfen: je nach Charakterveranlagung der eine mehr, der andere weniger. Spätestens jetzt muss der Welpe erfahren, wer der Chef im Hause ist. Tabus müssen konsequent gesetzt werden, sollen später nicht unliebsame Schwierigkeiten auftreten.

Wichtig Mit dem Erreichen von 16 Lebenswochen hat sich beim Hund bereits all das gebildet, was wir die Wesensveranlagung nennen! Sie sehen also, wie wichtig diese allerersten Monate sind, um Einfluss auf die grundlegende Wesensbildung zu nehmen!

Rudelordnungsphase: 5. bis 6. Monat

Diese Phase entscheidet über den Stand des Hundes innerhalb seiner Menschenfamilie. Er benötigt eine konkrete Stellungszuweisung. Erhält er diese nicht, wird er sich durch Austesten seiner Grenzen selbst seinen Platz in der Gemeinschaft suchen. Und seien Sie versichert, er wird sich den einmal erkämpften Platz nicht mehr so leicht nehmen lassen wie im Gegensatz hierzu mancher Mensch.

Pubertätsphase: 7. bis 10. Monat

Wie beim Menschen bezeichnet die Pubertät den Übergang vom Junghund zum erwachsenen Hund. Ungefähr zwei bis drei Monate lang verspürt der Hund eine innere Unruhe und zeigt leichte Unsicherheiten in seinem Verhalten, wo vorher keine waren. Bei Hündinnen tritt jetzt die erste Läufigkeit auf, was für diese einen weiteren Stressfaktor bedeutet. Rüden heben nun zum ersten Mal das Bein, und es kann zu ersten Rivalitäten mit anderen Rüden kommen. Von ganz entscheidender Wichtigkeit ist es, dem Hund in dieser Zeit durch gleich bleibende Behandlung von außen Sicherheit zu geben. Sie und sein Zuhause sind die wichtigsten Anhaltspunkte in dieser Phase. Bleiben sie genau so bestehen, wie er sie kennt, gibt ihm das auch nach innen Sicherheit und Selbstvertrauen.

Wann ist ein Hund erwachsen?

10

Jedes Lebewesen ist einzigartig. Messen Sie Ihren Hund nicht an anderen! Er spürt, wenn Sie mit ihm unzufrieden sind, und vielleicht reagiert er deshalb in Ihren Augen verkehrt.

Ein Hund gilt im Allgemeinen mit dem Erreichen des ersten Geburtstages als erwachsen. Kleine Rassen wie Teckel, kleine Terrier oder andere entwickeln sich etwas schneller, sie sind mit neun bis zehn Monaten ausgewachsen. Große Rassen wie etwa Rottweiler oder Bernhardiner reifen langsamer, sie benötigen bis zu zwei Jahren, bevor sie als erwachsen gelten können.

Darüber hinaus gleicht kein Hund dem anderen. Denn das »Erwachsensein«, das mit dem Erreichen des ersten Lebensjahres einsetzt, gilt zwar für die körperliche Reife des Hundes. So haben sowohl kleine wie mittelgroße Rassen ihre endgültige Größe bzw. Schulterhöhe in jedem Fall erreicht. Große Hunderassen, die für ihr physisches Wachstum etwas länger brauchen, benötigen meist ein weiteres Jahr, bis sie auch von ihrer Masse her dem Standard ihrer Rasse entsprechen. Die geistige Reife eines Tieres aber kann durchaus vom körperlichen Zustand abweichen.

Jeder hat seine individuelle Persönlichkeit, und während der Boxerhund des Nachbarn mit neun Monaten bereits das Bein hebt, beginnt der Bruder aus dem gleichen Wurf damit erst mit zwölf Monaten.

Die Prägungsphasen im Überblick

Phase	Alter des Hundes	Entwicklung
Erste Entwicklungsphase ▶ Vegetative Phase ▶ Übergangsphase	 1. bis 2. Woche 3. Woche	Schlafen, Trinken, Kot absetzen; »verlängerte Tragzeit« außerhalb des Körpers.
Zweite Entwicklungsphase (Erste Prägungsphase)	4. bis 7. Woche	Erwachen der Sinnesorgane; Sozialisierung mit Geschwisterwelpen und Menschen; erste Umwelteindrücke.
Dritte Entwicklungsphase (Zweite Prägungsphase)	8. bis 12. Woche	Abgabe an den neuen Besitzer; weiterhin Sozialisierung mit anderen Welpen wichtig; Beginn der Erziehung.
Vierte Entwicklungsphase	13. bis 16. Woche	Stellung innerhalb des neuen Familienverbandes wird ausgetestet; mit 16 Wochen ist das grundlegende Wesen ausgebildet.
Rudelordnungsphase	5. bis 6. Monat	Entscheidend für die zukünftige Stellung in der Familie.
Pubertät	7. bis 10. Monat	Innere Unsicherheit, Erschrecken vor unbekannten Dingen; erstes Beinheben beim Rüden, erste Läufigkeit bei Hündinnen.
Erwachsenenalter	1 Jahr	Kleine Rassen etwas früher, große Rassen später.

Wie bei Menschenkindern zeigt die Entwicklung der Hunde verschiedene Phasen. Informieren Sie sich über das, was Sie von Ihrem Hund in einem bestimmten Alter erwarten können. Überforderung frustriert Hund und Herrchen gleichermaßen.

Die Triebe des Hundes

Was ist eigentlich ein Trieb beim Hund? Fachleute der Kynologie, also der Lehre vom Hund, beschreiben ihn so: »Der Trieb ist die ererbte Bereitschaft des Hundes zu einem bestimmten Verhalten«. Das heißt: Alle Handlungen und Reaktionen, die dem Hund nicht von seinem Herrn gelehrt oder anerzogen wurden, die also instinktiv und in jedem Fall ablaufen, gehören zu den triebhaft bedingten Verhaltensweisen eines Vierbeiners.

Machen Sie Ihrem Hund von klein auf klar, dass Menschen nicht seine Rivalen sind, sondern im Rudel höher als er stehen. Lassen Sie ihm unter keinen Umständen aggressives Verhalten gegen fremde Menschen durchgehen.

Wie Triebe wirken

Oft überschneiden sich die Triebe in ihrer Wirksamkeit. Wenn Sie zum Beispiel Ihren Hund mit einem Ball oder einem Stöckchen in Ihrer Hand necken, wird er auf Ihr Spiel eingehen und seinerseits versuchen, dieser Beute habhaft zu werden. Der Spieltrieb erwacht, aber auch der Kampftrieb des Hundes, sich mit Herrchen zu messen. Der Beutetrieb wiederum veranlasst den Hund, sich unermüdlich um das Stöckchen zu bemühen, das sich eigentlich nur bewegt, weil Sie es ihm vor der Nase hin und her schwenken.

11

Viel Bewegung führt zu vermehrtem Speichelfluss, der die Zähne des Hundes automatisch reinigt.

Jeder gesunde Hund muss die Gelegenheit erhalten, seine Triebe auszuleben, um bei geistiger Gesundheit zu bleiben. Indem wir diese Veranlagungen für seine Erziehung positiv ausnützen, lenken wir seine Triebe auf ganz natürliche und artgerechte Weise in positive Bahnen. So hat der Hund keine Veranlassung, einen eventuellen Triebstau anderweitig abzureagieren und dann vielleicht für uns und seine Umwelt unangenehme Verhaltensweisen zu entwickeln.

Wenn Sie sich die Triebe in der nachfolgenden Tabelle einmal näher anschauen, werden Sie schnell bemerken, dass genau die gleichen Triebe sowohl vor vielen tausend Jahren als auch heute noch dem Urahn Wolf zugeordnet werden können. Vielleicht mit dem kleinen Unterschied, dass die Prioritäten, die wir Menschen als »Rudelmitglieder« bzw. »Rudelführer« bei unseren Haushunden setzen, auf anderen Trieben liegen als bei ihren wild lebenden Verwandten. Ihre Wirkung indes bleibt die gleiche.

Ein normaler Hund verfügt über folgende Triebe:

Geschlechtstrieb	Sichert den Fortbestand der Rasse.
Fresstrieb	Ist für das Überleben des Individuums notwendig.
Spieltrieb	Erwächst aus dem Bewegungs- und Betätigungstrieb.
Wehrtrieb	Offene Verteidigung gegen eine Bedrohung.
Kampftrieb	Bestreben des Hundes, seine Kräfte sowohl spielerisch als auch im Ernst mit einem Rivalen zu messen.
Schutztrieb	Bereitschaft des Hundes, sich für die Interessen seines Rudels einzusetzen und es zu verteidigen.
Geltungstrieb	Bestreben, im Rudel einen höheren Rang zu erobern.
Meutetrieb	Bestreben, sein Rudel nicht zu verlieren bzw. es zusammenzuhalten.
Bringtrieb	Bereitschaft, Beuteobjekte aufzunehmen, sie zu verschleppen oder zu bringen.
Beutetrieb	Bestreben, alle Objekte, die Fluchttendenz zeigen, zu fassen und festzuhalten.
Fluchttrieb	Tendenz, sich einer Gefahrensituation durch Flucht zu entziehen.

Welche Triebe sind im Hinblick auf die artgerechte Erziehung Ihres Hundes am wichtigsten, welche können Sie also positiv nützen?

Fresstrieb	Sauber ausgeführte Hörzeichen können mit einem Leckerbissen belohnt werden, wodurch die Übung gefestigt wird.
Spieltrieb	Gemeinsam mit dem Beute- und Bringtrieb sowie auch einem gewissen Maß an Kampftrieb können Sie über den Spieltrieb die Bindung zwischen Ihnen und dem Hund fördern und erhalten.
Schutztrieb	Richtig angesprochen und ausgenützt, dient er dazu, den Hund an sein Haus und seine Menschen zu binden.

12

Bevorzugen Sie zum Spielen oder Spazierengehen mit Ihrem Hund Kleidung, die leicht zu waschen ist. Vielleicht haben Sie spezielle »Hundekleidung«?

Kleine Hunde – ganz gleich welcher Rasse – sind ungemein neugierig und gelehrig!

Wann beginnt die Erziehung?

Diese Frage wird oft gestellt, und sie ist eigentlich ganz leicht zu beantworten: vom ersten Tag der Übernahme an! Denn wenn Sie es genau nehmen, dann hat sie bereits begonnen, schon einige Wochen, bevor Sie Ihren Vierbeiner zu sich nach Hause holen.

Die Erziehung hat mit dem Tag der Geburt begonnen: Seine Mutter hat ihn gelehrt, wie man sich erwachsenen und ranghöheren Hunden gegenüber benimmt. Der Züchter – vorausgesetzt, er ist ein verantwortungsbewusster Züchter und nicht nur ein materiell orientierter Hundevermehrer – hat dem Welpen bereits in der ersten Prägungsphase viele Eindrücke über seine Umwelt vermittelt und die Sozialisierung mit dem Menschen eingeleitet. Die Grundlage ist also bereits gelegt. Darauf können und sollten Sie aufbauen.

13

Meiden Sie Züchter, die mehr als zwei Rassen gleichzeitig züchten oder deren Zuchttiere scheu, sehr nervös oder krank wirken. Nehmen Sie keinen Welpen aus Mitleid auf!

Stubenreinheit

Dieses Thema bereitet sehr vielen frisch gebackenen Hundebesitzern großen Kummer. Ein Welpe muss noch mindestens drei Mal am Tag gefüttert werden und benötigt mehr Wasser als ein ausgewachsener Hund. Dementsprechend ist das Tierchen natürlich außerordentlich undicht. Die Häufchen, die er mehrere Male am Tage setzt, scheinen die Futtermengen, die er im Allgemeinen zu sich nimmt, bei weitem zu übersteigen. Hundebesitzern, die ihren Hund ausschließlich im Garten halten, bereitet dessen Verdauung natürlich weniger Sorgen. Anders sieht es da schon bei einer reinen Wohnungshaltung aus. Aber auch bei der so genannten Mischhaltung ist die Erziehung zur Stubenreinheit wichtig. Hierbei kann der Hund tagsüber einen Teil des Gartens bewohnen, und er wird außerdem regelmäßig einige Stunden mit ins Haus genommen.

Während ihrer ersten Prägungsphase sollten Welpen bereits viel Kontakt zu Menschen jeden Alters haben, um später ein sicheres Sozialverhalten zeigen zu können.

Wie wird Ihr Welpe stubenrein?

Sich zu entleeren ist ein Vorgang, der dem Hund mehr oder weniger angeboren ist. In den Tagen und Wochen nach der Geburt regt die Mutterhündin die Verdauung ihrer Welpen durch intensives Lecken an. Da sich die Jungen noch nicht selbstständig umher bewegen können, sorgt die Hündin in der Wurfkiste für Sauberkeit. Sobald die Welpen aber beginnen, mobil zu werden und feste Nahrung zu sich zu nehmen, stellt die Mutter diese Sauberkeitsaktionen langsam ein.
Die Welpen verrichten zunächst ihr Geschäftchen dort, wo auch die Mutter sich immer löst, weil es an dieser Stelle eben »danach riecht«. Würden die Welpen bei ihrer Mutter aufwachsen, würden sie so ganz natürlich deren Orte zum Lösen übernehmen. Nun kommt der Welpe zu Ihnen nach Hause. Am Anfang wissen Sie bestimmt nicht, wie oft und wann er muss. Aber auch der Welpe hat plötzlich seine bekannten Anhaltspunkte verloren, wo er sich lösen darf. Nun liegt es an Ihnen, ihm neue Richtlinien zu geben. Fürchten Sie nicht, dass er damit gleich am ersten Tag überfordert sein wird. Er wird froh sein, in diesem Punkt eine Orientierungshilfe zu erhalten.

14

Falls Sie einen Garten haben, sollten Sie Ihrem Hund einen Teil einzäunen, in dem er sich nach Lust und Laune austoben darf.

15

Hunde buddeln gern! Wenn Sie Löcher in Ihren Beeten nicht schätzen, können Sie Ihrem Hund einen Sandkasten zum Graben bereitstellen.

16

Wenn Sie Ihren Welpen beim Züchter abholen, dann sollten Sie nicht selbst mit dem Auto fahren, damit Sie auf der Fahrt den Hund betreuen können.

17

Prüfen Sie vor der Ankunft des Welpen, ob Ihr Garten frei von Unfallquellen und giftigen Pflanzen ist!

Sauber im Garten

Bringen Sie ihn spätestens nach seiner ersten Mahlzeit auf genau die Wiese bzw. in den Teil Ihres Gartens, wo er auf jeden Fall sein Geschäft auch in Zukunft verrichten darf. Hat er auf der Autofahrt vom Züchter bis zu Ihnen nach Hause gut durchgehalten und nicht vor Aufregung auf Ihre Hose gepinkelt, sollten Sie ihn gleich im Anschluss an diese Reise auf seinen zukünftigen Löseplatz bringen.

Ganz wichtig ist es, den jungen Hund immer nach der Verrichtung ausgiebig und überschwänglich zu loben! Ihre Stimme sollte dabei freundlich und hell klingen und normal laut sein.

Erhält Ihr Welpe einen Teil des Gartens als Auslauf und ist nicht ständig unter Aufsicht, sucht er sich oft hartnäckig eine andere Stelle als Löseplatz aus als die dafür vorgesehene, zum Beispiel das Blumenbeet. Auch hier hilft unser Extratipp. Wandeln Sie den Trick ab. Betten Sie das Häufchen mitsamt der umgebenden Erde einfach an die Stelle um, wo der Welpe eigentlich sein Geschäft verrichten soll. Hat er nur gepinkelt, nehmen Sie möglichst die gesamte durchnässte Erde auf eine Schaufel und legen sie an der vorgesehenen Stelle ab. Sie können Ihrem Hund helfen, sich im Garten zu orientiern. Trennen Sie die Gartenteile, in die er nicht soll, mit einem Scherengitter ab. Es muss nicht höher als einen Meter sein, da Welpen noch nicht springen.

Achtung! Lassen Sie sich beim Züchter in einer Plastiktüte eine kleine Schaufel voll Kot mitgeben. Dabei ist es egal, ob es das eigene Häufchen Ihres Welpen oder das eines anderen ist. Dieses Häufchen deponieren Sie sogleich an der Stelle, an welcher sich Ihr Welpe von nun an lösen soll. Dieser Trick bewirkt oft Wunder! Für den Welpen riecht diese Stelle mit dem Häufchen genau so, wie die Orte, an denen er bisher gewöhnt war, sich zu lösen. Er wird sich deshalb schneller veranlasst fühlen, auch wieder genau bei diesem Geruch und somit gleich am richtigen Ort sein Geschäft zu verrichten. Sie sehen, wie einfach Sie durch natürliche und überlegte Erziehung schon den ganz kleinen Hund zur Stubenreinheit erziehen können.

Nach dem Schlafen oder Fressen sollten Welpen immer sofort an ihren zukünftigen Löseplatz gebracht werden.

Sauber in der Wohnung

In der Wohnung sollte man seinen Welpen in der ersten Zeit gut beobachten. Haus und Wohnung stellen in Sachen Entfernung durchaus kein Tabu dar. Sie mussen Ihrem jungen Hund Schritt für Schritt zeigen, was genau Sie von ihm erwarten. Zunächst ist es sehr hilfreich, wenn Sie einiges über die typischen Verhaltensweisen Ihres Welpen in Erfahrung bringen. Beobachten Sie ihn deshalb in den ersten Tagen nach seinem »Einzug« besonders sorgfältig.
Die meisten Welpen zeigen ein für jeden Hund individuell typisches Verhalten vor dem Niederhocken: Der eine stellt seinen Rutenansatz waagrecht vom Körper ab, wobei der Rest des Schwänzchens senkrecht nach unten hängt. Der andere schnüffelt intensiv am Boden umher, der dritte wird unruhig und marschiert im Wohnzimmer herum. Sobald Sie das Verhalten Ihres Welpen vor der Entleerung einmal zuverlässig erkannt haben, können Sie jedes Mal richtig darauf reagieren: hochnehmen und auf direktem Weg auf die Wiese tragen, wo er pinkeln soll. Nehmen Sie stets die gleiche Tür auf dem Weg ins Freie, damit Ihr Hund sofort versteht, wohin der Weg ihn führen wird.

18

Räumen Sie mögliche Gefahrenquellen in Ihrer Wohnung weg, wie frei liegende Stromkabel, und sichern Sie Kellertreppen.

Extratipp Rechnen Sie immer nach einem Nickerchen, nach dem Trinken oder Fressen und nach ausgiebiger Bewegung damit, dass Ihr Welpen sich entleeren möchte. Das erspart unliebsame Überraschungen.

19

Lassen Sie sich gegen mögliches Heimweh in den ersten Tagen ein Tuch von Ihrem Züchter mitgeben, das in der Wurfkiste der Mutter lag. Sein Duft wird den Welpen trösten.

Wenn das Malheur geschehen ist

Ist doch einmal ein Malheur passiert, ohne dass Sie die Tat beobachtet haben, schimpfen Sie bitte nicht mit Ihrem Welpen! Er hat schon Minuten später sein Häufchen wieder vergessen und wird Ihre Schelte nicht mit der Tat in Verbindung bringen.
Verzichten Sie bitte auf das vielgerühmte »mit der Nase in die Pfütze drücken«. Zum einen ist dies eine recht harte Strafe für so einen kleinen Kerl. Zum anderen erreichen Sie damit vielleicht nur, dass er sich Ihren Blicken das nächste Mal noch besser entzieht, um das Häufchen oder die Pfütze so versteckt wie möglich zu erledigen. Putzen Sie lieber ohne viele unnütze Worte die Hinterlassenschaft weg.

20

Im Hundezubehörfachhandel können Sie Kot-Zangen erstehen, um Häufchen mühelos vom Gehweg zu entfernen.

Extratipp Reinigen Sie die beschmutzte Stelle intensiv mit Essigwasser oder Sagrotan, damit sie nicht nach den Ausscheidungen des Hundes riecht. Er wird den gleichen Fleck sonst immer wieder als Toilette benutzen.

Ganz anders sieht es aus, wenn Sie Ihren Welpen, sozusagen in flagranti, schon beim Niedersetzen erwischen. Heben Sie ihn schnellstens hoch – kleine Hunde klemmen dann sofort ab – und bringen Sie ihn auf dem schnellsten Wege dorthin, wo er ungestraft sein Geschäft beenden kann. Auch ein bestimmt gesprochenes »Pfui!« ist beim Hochnehmen angebracht. Sobald er sein Vorhaben am richtigen Ort erledigt hat, geizen Sie nicht mit Lob!
Möglicherweise benötigt ein so unterbrochener Welpe im Garten oder auf der Straße erst einmal eine ganze Zeit, um wieder in Stimmung zu kommen. Wappnen Sie sich unbedingt in solchen Fällen mit

Geduld, denn manchmal kann das Warten ganz schön unangenehm sein. Ganz besonders, wenn Sie nachts, womöglich noch im Winter oder bei anhaltendem Regen, schlotternd vor Kälte und womöglich schon vollkommen durchnässt, eine geschlagene Viertelstunde auf die Erledigung des unterbrochenen Geschäftchens warten müssen!

21

Nehmen Sie beim Gassigehen in der Stadt immer Kot-Zange und Plastiktüte mit, um den Haufen Ihres Hundes umgehend zu beseitigen. Ihre Nachbarn, vor allem Familien, werden es Ihnen danken.

Wenn Hunde nicht hinauswollen

Ein spezielles Problem mit dem Sauberwerden, das im Allgemeinen nur Besitzer von Welpen sehr kleiner Rassen betrifft, ist das Sich-Lösen auf Zeitungspapier. Kleine Hunderassen wie Yorkshire-Terrier, Pekinesen, Chihuahuas oder Möpse werden oft innerhalb der Wohnung des Züchters aufgezogen, da diese kleinen Kerlchen auch in größerer Anzahl nicht viel Platz benötigen. Als Löseplatz wird den winzigen Welpen oft Zeitungspapier angeboten, das in einer Zimmerecke ausgebreitet liegt und das sie meist gern annehmen.

Dieses Verhalten ist nicht nur für den Züchter, sondern auch für den kleinen Hund sehr bequem. Das Geschäft ist schnell erledigt und ebenso schnell ohne viel Aufwand entsorgt.

Welpen aus sehr kleinen Rassen werden oft beim Züchter zum Lösen auf Zeitungspapier erzogen und müssen später von ihrem neuen Besitzer auf einen anderen Platz umgewöhnt werden.

22

Entfernen Sie ein Malheur, wenn Ihr Welpe abwesend ist. Dann ist die Stelle für ihn anschließend völlig nichtssagend.

23

Welpen empfinden das Hochnehmen als unangenehm, ein bestimmt gesagtes »Pfui« verstärkt diese Wirkung. Mehr Tadel ist nicht nötig. Das verunsichert den Hund nur.

Bei der Übernahme eines so geprägten Welpen steht nun der neue Besitzer vor der Tatsache, dass der kleine Hund keinesfalls draußen sein Geschäft verrichten will. Notgedrungen wird er eine Seite der Tageszeitung im Flur auslegen, was der Welpe mit Sicherheit hocherfreut annehmen wird. Diesen »Service« ist er ja gewohnt.

Wenn Sie ihn nicht schnell umgewöhnen, wird er auch als ausgewachsener Hund darauf bestehen, im Flur auf die Zeitung zu pinkeln. Und er wird dies sehr wahrscheinlich auch dann noch tun, wenn Sie gerade zwei Stunden mit ihm Gassi waren.

Um Ihrem Welpen unmissverständlich klar zu machen, was Sie von ihm erwarten, sollten Sie einmal mehr den oben genannten Trick anwenden. Legen Sie ein Häufchen Ihres Hundes das er auf Zeitungspapier gemacht hat, draußen ins Gras, wo er sich auch in Zukunft lösen darf. Mit etwas Glück weiß er hier schon, was Sie von ihm möchten.

Bitte haben Sie Geduld mit Ihrem Welpen. Ihm geht es mit seinen Ausscheidungen ähnlich wie kleinen Kindern: Wenn's drückt, ist es meist fast schon zu spät! Welpen haben ihre Körperfunktionen noch nicht so hundertprozentig unter Kontrolle wie ein erwachsener Hund. Dem müssen Sie Rechnung tragen.

Oft hat der kleine Hund aber auch angezeigt, dass er dringend muss, und Sie haben es aus irgendeinem Grund übersehen. Ist das Malheur dann aus diesem Grund geschehen, bekommt der Welpe auch noch Schelte – die eigentlich Sie verdient hätten! Gewöhnen Sie sich also besonders in der ersten Zeit an, Ihren Welpen regelmäßig zu beobachten. Sie werden seine Vorlieben, aber auch seine Nöte später umso zuverlässiger kennen und ihnen begegnen können.

Außerdem gilt auch hier: Kein Hund ist wie der andere. Es gibt Welpen, die bereits nach wenigen Tagen in ihrem neuen Heim begriffen haben, dass man sich einfach bemerkbar machen muss, wenn man nach draußen gelassen werden und sein Geschäft verrichten will.

Andere wieder sind richtige Bettnässer, die wie manche Kinder überaus lange brauchen, um sauber zu werden – in Ausnahmefällen sogar bis zur Pubertät. Wie bei deren menschlichen Leidensgenossen erreichen Sie mit Schimpfen eher das Gegenteil eines Fortschritts. Bleiben Sie daher einfach gelassen.

Extratipp Beim ersten Zeichen Ihres kleinen Vierbeiners, dass er mal muss, oder wenn er gerade von einem Nickerchen erwacht ist, nehmen Sie ihn hoch, bringen Sie ihn mitsamt seiner Zeitung nach draußen ins Gras oder an den Rinnstein, wo er sich lösen soll. Legen Sie ihm als Kompromiss die Zeitung aus. Sowie der Welpe – wenn auch auf der Zeitung – erfolgreich war, müssen Sie ihn überschwänglich loben! Mit der Zeit verkleinern Sie die Zeitungsseiten Stück für Stück, bis er diese Hilfe gar nicht mehr braucht.

Vor lauter Freude

Hündinnen, so heißt es, benötigen im Allgemeinen etwas länger bis zur Stubenreinheit als Rüden. Ich selbst halte das für ein Ammenmärchen. Diese Meinung kommt wahrscheinlich daher, dass Hündinnen stärker als Rüden bei überschwänglicher Freude einige Tropfen Urin absetzen, zum Beispiel wenn sie einen geliebten Menschen begrüßen wollen oder sich über etwas besonders freuen. Dieses Verhalten ist verständlicherweise innerhalb der Wohnung etwas unangenehm, aber auch das verschwindet, sobald die Hündin erwachsen wird.
Die überwiegende Mehrheit aller Hunde aber wird im Normalfall spätestens nach dem Zahnwechsel, also zwischen vier und sechs Monaten, stubenrein. Geben Sie Ihrem Welpen von Anfang an regelmäßig Gelegenheit, sich dort zu lösen, wo er darf, und loben Sie ihn für sein richtiges Verhalten auch richtig! Dann wird er schnell stubenrein sein, weil er versteht, was Sie erwarten.

24

Loben Sie einen Welpen überschwänglich, wenn er sich im Gras gelöst hat, obwohl er bislang nur Zeitungspapier als Unterlage angenommen hat! Umso schneller entwöhnt er sich vom Papier.

25

Sensible oder unterwürfige Tiere neigen eher zum Urinieren aus Freude oder Angst als selbstbewusste Tiere. Schimpfen ist für solche Hunde Gift!

Gewöhnen an Tagesablauf und Alleinsein

Nach Möglichkeit wird sich jeder Tierfreund, der sich einen Welpen ins Haus holt, erst einmal einige Zeit Urlaub nehmen, damit er sich so viel wie möglich mit dem neuen Familienzuwachs beschäftigen kann. Dies ist insofern sehr wichtig, als die wichtigsten Phasen eines jungen

Auch wenn Ihr kleiner Hund am Anfang gar nicht begeistert ist, gewöhnen Sie ihn unbedingt vom Welpenalter an daran, dass er zeitweise allein bleiben muss.

Hundelebens sehr dicht aufeinander folgen, wie wir im vorhergehenden Kapitel gesehen haben. Versäumtes in der Beziehung Mensch-Hund in späteren Jahren nachzuholen, ist in vielen Fällen kaum möglich. Das Vertrauen, das Sie in dieser allerersten Zeit zwischen sich und Ihrem Hund aufbauen, wird voraussichtlich ein (Hunde-)Leben lang halten. Das ist manche Mühe wert.

26

Loben Sie Ihren Welpen auch dann noch ausgiebig, wenn er sich regelmäßig am richtigen Platz löst.

Zudem sollten Sie eines beachten: Wenn Sie nach sechs Wochen »Mutterschaftsurlaub« plötzlich wieder arbeiten gehen und Ihr Welpe urplötzlich Ihre ständige Anwesenheit vermisst, können Sie schnell sehr viele Probleme mit Ihrem vorher problemlosen kleinen Vierbeiner bekommen. Vielleicht war er zu diesem Zeitpunkt bereits stubenrein. Nun ist es gut möglich, dass er in den wenigen Stunden Ihrer Abwesenheit, die er von der Zeitspanne her bereits gut durchgehalten hatte, plötzlich wieder anfängt, in die Wohnung zu machen. Oder er macht seinen Gefühlen auf andere Weise »Luft«. Er überbrückt vielleicht seine Einsamkeit, indem er Ihre Einrichtung nachhaltig mit den Zähnen bearbeitet. Und vor allem müssen Sie mit einem ganz »beliebten« Verhalten rechnen: Ihr Hund wird seinem Kummer fast mit Sicherheit durch Jaulen und Bellen Luft verschaffen.

Abschiedsschmerz und Wiedersehen

Lautstarken Protest können Sie verhindern, indem Sie Ihren Welpen von Anfang an für kurze Zeit alleine lassen, auch wenn Sie gar nichts vorhaben. Dies gehört zu den natürlichen Lernprozessen eines Welpen, denn auch in einem Wolfsrudel werden Welpen manchmal alleine gelassen, wenn die erwachsenen Wölfe auf Nahrungssuche gehen. Am besten beginnen Sie mit der Übung, wenn Ihr kleiner Hund nach dem Gassigehen müde ist. Geben Sie ihm einen Kauknochen zur Beschäftigung, schicken Sie ihn auf seinen Platz, verlassen Sie das Zimmer und machen die Tür hinter sich zu. Bleiben Sie vor der Tür ruhig stehen. Sollte er zu jaulen beginnen, öffnen Sie schnell die Tür und sagen in bestimmtem Tonfall: »Nein! Geh auf deinen Platz!«

27

Holen Sie Ihren Welpen möglichst vormittags beim Züchter ab. So kann er sich halbwegs bei Ihnen eingewöhnen, bevor er die erste Nacht in der Fremde verbringt.

Extratipp Aus Ihrer Körpersprache kann Ihr Hund sehr genau Ihre Gefühlsregungen ablesen. Geben Sie sich entschlossen, auch in Ihrer Körperhaltung: Hoch gereckter Oberkörper und abgespreizte Ellbogen wirken nicht nur auf Menschen imponierend! Dasselbe Verhalten zeigen Hunde als Warnung, wenn sie Kopf und Rute hoch recken und ihr Rückenfell vom Nacken bis zur Schwanzwurzel aufstellen!

Wiederholen Sie das Alleinelassen. Ist Ihr Welpe auch nur für zwei Minuten still, öffnen Sie die Tür und loben ihn schon beim Hereinkommen ganz überschwänglich! Schnell wird der kleine Hund verstehen, dass Stillsein viel angenehmere Folgen hat als Jaulen. Er wird ebenso schnell begreifen, dass er Ihnen unbedingt vertrauen kann und dass Sie nach jedem Weggehen sicher zurückkommen.

Nun ist es ein Leichtes, die Abstände zwischen Ihrem Gehen und Zurückkommen zu verlängern. Vergessen Sie niemals, Ihren Welpen ausgiebig zu loben, mit ihm zu spielen und zu schmusen, wenn er ruhig auf Ihre Rückkehr gewartet hat. Das Geheimnis bei der Erziehung eines Hundes ist der richtige Einsatz von Tadel und Lob. Sie wirken als Übersetzungshilfe zwischen Mensch und Tier.

28

Gehen Sie ausgiebig mit Ihrem Hund spazieren, bevor er allein bleiben soll. Dann hat er genügend Gelegenheit, sich zu lösen.

Gemeinsame Ziehspiele machen Mensch und Hund Spaß und fördern intensiv die Beziehung.

Spiel, Auslauf, Pflege

Nachdem wir nun einige Hilfen zur Bewältigung des zu Beginn wohl wichtigsten Erziehungsproblems – des Sauberwerdens – gegeben haben, sollen Sie nachfolgend etwas über die Gestaltung des gemeinsamen Alltags erfahren. Ganz wichtig sind das gemeinsame Spiel, die Spaziergänge sowie eine liebevolle Pflege.

29

Wird der Welpe im Spiel zu grob, sagen Sie laut »Au«. Hunde verstehen unsere Schmerzlaute ebensogut wie Äußerungen der Freude. Der Welpe wird im Normalfall sofort aufhören, Sie zu zwicken.

Spiel zu Hause

Vielleicht fragen Sie sich jetzt, was das Spielen mit einer natürlichen Erziehung zu tun hat? Schauen Sie sich einmal Hunde an, die das Glück haben, gemeinsam zu leben. Sie sind einer spielerischen Balgerei oder einem Fang-mich-Spiel nie abgeneigt. Solche Spiele festigen das Zusammengehörigkeitsgefühl, und die Stärken des anderen können auf ungefährliche Weise im Spiel ausgetestet werden. Diese Eigenschaft der Hunde können wir Menschen uns bei der natürlichen Erziehung zunutze machen. Ein Welpe, der oft mit seinem Besitzer spielen darf, wird seine ganze Aufmerksamkeit auf ihn konzentrieren. Die meisten jungen Hunde lieben die so genannten Zieh- und Raufspiele. Ein altes, zusammengeknotetes Handtuch, das Sie vor dem Welpen herziehen, genügt schon. Mit Begeisterung wird er alle Kräfte aufbieten, um dieses Tuch zu fassen zu bekommen. Das sollten Sie ihm auch ermöglichen, um dann in ein Ziehspiel überzugehen. Wenn er sich dann einige Zeit angestrengt um das Tuch bemüht hat, sollten Sie es ihm einfach überlassen, um sein Selbstbewusstsein nicht zu schwächen. Ein wenig Bestätigung schätzt jeder Hund.

30

Sie als Rudelchef bestimmen, was und wie lange gespielt wird. Hören Sie dann auf, wenn es am schönsten ist. Sobald der Welpe die Lust am Spiel verliert und es als Erster beendet, ist er der Chef!

Achtung Damit Ihr kleiner Raufbold sich nicht fälschlicherweise für den Boss hält, gilt es dennoch einige Regeln zu beachten: Das Ende des Spiels sollten immer Sie bestimmen, und nicht der Welpe! Spielzeuge wie zum Beispiel der Ball oder besagtes Stofftuch gehören immer dem Chef. Also nehmen Sie es bei Beendigung des Spiels bestimmt wieder an sich!

Spiel draußen

Spielen Sie auch auf dem täglichen Spaziergang mit Ihrem Hund. Natürlich kommt man mit einem Welpen am Anfang nicht sehr weit. Zehn Minuten Gassigehen reichen. Mit fortschreitendem Alter erweitert sich der Bewegungsdrang eines Hundes. Frei lebende Caniden, also Hundeartige, legen oft kilometerlange Strecken an einem Tag zurück, um gemeinsam Beute zu machen. Auch unser Haushund will, wie seine wölfischen Vorfahren, mit seinem Rudel auf die Jagd gehen, will lernen, sich für sein Rudel nützlich zu machen, will sich einsetzen und dazugehören. Er sollte die Chance bekommen.

Haben Sie je von einem Wolfsrudel gehört, dessen halbwüchsige Mitglieder aus dem Stand die Gemeinschaft im Stich lassen, nur weil ein fremder Artgenosse irgendwo in kilometerweiter Entfernung am Horizont sichtbar wird? Nein, sicher nicht. Und wie ist das mit uns Menschen? Ohne Leine wären die meisten Hundehalter wohl aufgeschmissen. Denn wie viele Hunde gibt es, die – einmal von der Leine

31

Gehen Sie mit Ihrem Hund grundsätzlich vor dem Füttern spazieren – nie mit vollem Magen! Große Hunderassen laufen sonst Gefahr, an einer Magendrehung zu sterben!

32

Machen Sie aus jedem Spaziergang ein kleines Abenteuer für den Hund. Gehen Sie im Sommer an Bächen entlang, lassen Sie ihn auf Baumstämmen balancieren und werfen Sie ihm im Winter Schneebälle zu.

gelassen – ohne Herrchen auf Entdeckungsreise gehen! Der Grund liegt ganz einfach darin, dass der Spaziergang von vielen Hundebesitzern als notwendiges Übel angesehen wird, um dem Hund die Verrichtung seines Geschäfts zu ermöglichen.

Bauen Sie immer mal wieder ein Spiel oder eine aufregende Abwechslung ein – natürlich dem Alter des Hundes entsprechend. So wird er es nicht nötig haben, seine Bedürfnisse anderswo zu befriedigen. Ein so geprägter Hund kann jederzeit durch einen schnell hervorgezogenen Ball von einem am Horizont auftauchenden anderen Hund abgelenkt werden. Mit der Zeit wird es für ihn selbstverständlich sein, dem fremden Hund allerhöchstens noch einen Blick zu schenken.

Extratipp Machen Sie aus dem Gassigehen von Anfang an mindestens einmal am Tag einen Abenteuerspaziergang. Dann wird sich Ihr Hund nur sehr ungern weit von Ihnen entfernen, er könnte ja das nächste, von ihm so geliebte Spiel versäumen! Das Risiko wird er vermeiden.

Auslauf

33

Lassen Sie Ihren Hund möglichst viele Erfahrungen sammeln. Das gibt ihm Sicherheit und fördert seine Intelligenz.

Ein weiterer großer Fehler, den wir Menschen beim Spazierengehen bereits mit dem Welpen machen, ist der, dass wir unseren Hund ständig behüten möchten. Er soll nicht in den Graben fallen, nicht im undurchdringlichen Dickicht schnüffeln, nicht zurückbleiben, nicht vorauspreschen usw. Laufend wird der kleine Hund gerufen, ermahnt oder bevormundet. Dem Klang einer Kuhglocke gleich hängt ständig die Menschenstimme in der Luft.

Der Hund aber will ungestört und im Schutz unserer Anwesenheit seine Erfahrungen machen. Wird er ständig dabei gestört, verfolgt und unterbrochen, verschiebt sich sein Weltbild auf für seinen Besitzer unangenehme Weise. Wie bei einem Kind, dem ständig etwas verboten wird, bekommt dieses Verbotene einen besonderen Reiz, und der Hund wird versuchen, unter allen Umständen genau das zu tun, was er nicht soll.

Zwischen Freiheit und Fürsorge

Damit Sie verstehen, welche Missverständnisse hier zwischen Mensch und Hund entstehen können, sollten wir uns einmal mehr ansehen, wie eine Mutterhündin mit ihren Welpen umgeht. Ohne sich beim Spazierengehen sichtbar um ihre Schar zu kümmern, schnüffelt sie mal hier, mal dort und trabt Meter um Meter weiter, während die Welpen pausenlos bemüht sind, der Gemeinschaft nicht abhanden zu kommen. Auch sie schnuppern im Gras herum, beeilen sich dann aber, der Mutter wieder hinterherzukommen. Bleibt tatsächlich ein Junges weiter zurück und macht sich durch Jaulen bemerkbar, bleibt die Mutter sofort stehen und späht aufmerksam in die Richtung des jammernden Welpen. Kommt dieser dann angerannt, kann es sogar geschehen, dass sie auf ihn zugeht und ihn als Strafe für sein Zuspätkommen anknurrt, um sodann wieder ihres Weges zu gehen. Nur wenn er wirklich in Gefahr geraten wäre, zum Beispiel durch einen fremden Artgenossen, würde sie ohne Zögern zurückrennen, um ihn zu beschützen. Ungefährliche Situationen muss das Junge selbst meistern. Frisch gebackene Hundebesitzer aber tun sehr oft genau das Gegenteil: Sie laufen dem Welpen nach, aus Angst, sie könnten ihn verlieren.

34

Suchen Sie möglichst Spazierwege abseits von viel befahrenen Straßen aus. Dann können auch Welpen gefahrlos laufen.

Wichtig Nur der Rangniedrigere folgt dem Ranghöheren. Sorgen Sie also unbedingt dafür, dass Sie die Position des »Leithundes« erwerben und auch behalten. Dann erhalten Sie sich den Respekt Ihres Hundes.

Andere lassen ihren Hund erst gar nicht von der Leine. Erfahrungen zu sammeln ist ihm so gar nicht möglich. Der Welpe lernt aus dem menschlichen Fehlverhalten Folgendes: »Ich bin der Boss, ich bestimme den Weg. Will ich meine Umgebung kennen lernen, muss ich einen ganz großen Abstand zwischen mich und meinen Menschen bringen, sonst stört er mich ständig. Verlieren kann ich ihn trotzdem nicht, er kläfft ja dauernd, und solange ich ihn noch hören kann, muss ich mich nicht darum kümmern, wo er gerade ist.«

Wichtig Vertrauen macht sich spätestens beim Tierarzt bezahlt. Ein Hund vertraut dem fremden Tierarzt nicht ohne weiteres – aber wenn er seinem Herrchen vertraut, wird er vieles ruhig über sich ergehen lassen. Er hat bereits erfahren, dass Sie ihm nichts Böses wollen.

35 Sucht Ihr Welpe von sich aus den Kontakt zu Ihnen, dann loben Sie ihn liebevoll dafür. Dann wird er immer wieder gern zu Ihnen kommen.

Nehmen Sie sich ein Beispiel an der Mutterhündin: Gehen Sie Ihres Weges und lassen Sie den Welpen ruhig etwas zurückbleiben, wenn er gerade etwas Interessantes erschnüffelt hat. Behalten Sie ihn trotzdem laufend im Auge, das tut die Mutter auch, selbst wenn es nicht so aussehen sollte. Wenn er dann angerannt kommt und wieder zu Ihnen aufschließt, loben Sie ihn mit freundlicher Stimme – aber gehen Sie weiter Ihres Weges. Sie können einiges dafür tun, dass Ihr Hund auch wirklich zu Ihnen kommt, wenn Sie es wünschen. Rufen Sie ihn nur ab und zu bewusst mit seinem Namen zu sich heran, und belohnen Sie ihn dafür mit einem kleinen Spiel, zum Beispiel Ballwerfen – bei ganz kleinen Welpen eher Ballrollen. So lernt er, Sie als »Leithund« zu akzeptieren. Ihr Hund versteht, dass Sie ihn nur dann rufen, wenn Sie auch wirklich etwas von ihm wollen.

Da dies für ihn immer angenehm ist, denn Spielen schätzt der Hund bekanntlich sehr, werden Sie erfahren, dass er im Laufe der Zeit immer zuverlässiger auf seinen Namen hört.

Und auch Sie bekommen eine »Belohnung«: Denn das Spiel mit einem Welpen, der freudig bei der Sache ist, ist für jeden Hundehalter und jede Hundehalterin ein Vergnügen besonderer Art.

36 Bürsten Sie Ihren Welpen einmal täglich wenige Minuten. Diese Ganzkörpermassage regt den Kreislauf an. Sie hält zudem das Haaren beim Fellwechsel in Grenzen und baut großes Vertrauen zwischen Mensch und Tier auf.

Pflege

Natürlich gibt es so etwas wie Fellbürsten bei frei lebenden Hundeartigen oder bei Wölfen nicht. Und dennoch: Hunde sind sozial hoch entwickelte Lebewesen. Auch untereinander lieben sie den Körperkontakt, zum Beispiel beim Kontaktliegen. Ihre Zuneigung zueinander drücken sie durch gegenseitiges Schnauzebelecken oder liebevolles Beknabbern aus.

Das Ablecken kennt jeder Hundefreund als (unangenehme?) Begleiterscheinung der Freundschaft zwischen Mensch und Tier von seinem eigenen Hund. Einige Vierbeiner beweisen ihrem Menschen ihre Freundschaft aber auch, indem sie seinen Arm beknabbern. Hunde lieben also den körperlichen Kontakt. Er vertieft das Zusammengehörigkeitsgefühl und das Vertrauen zueinander.
Regelmäßiges Fellbürsten von klein auf hat denselben Effekt. Gleichzeitig gewöhnt sich Ihr Welpe von Kindesbeinen an daran, dass Sie an ihm ganz selbstverständlich bestimmte Handgriffe ausüben. Er lernt, dass ihm dabei nie etwas Schlimmes passiert, auch wenn Ihre Maßnahmen manchmal vielleicht unangenehm sind. Wenn Sie dann in seinem späteren Leben einmal wirklich weniger schöne Dinge ausführen müssen, beispielsweise nach dem Spaziergang im Wald die Zecken entfernen oder einen Besuch beim Tierarzt absolvieren, dann wird er auch dies – mehr oder weniger geduldig - über sich ergehen lassen.
Spiel, Auslauf, Pflege – diese Dinge bedeuten für einen Hund Zuwendung, Beschäftigung und Wohlbefinden. Zudem bringen sie eine gewisse Regelmäßigkeit in das Hundeleben. Regelmäßigkeit bedeutet für einen Hund Berechenbarkeit. Sie schafft Vertrauen.

37

Ganz wichtig: Schieben Sie regelmäßig die Lefzen Ihres Hundes hoch und kontrollieren Sie seine Zähne! Hunde, die dies nicht gewöhnt sind, beißen vor Angst oft ihren Besitzer.

Auch ein Bad in klarem Wasser schadet Hunden nicht, vor allem, wenn Sie bei schlechtem Wetter schmutzig geworden sind.

Steil gespitzte Ohren: Dieser Schäferhund horcht auf sein Herrchen.

Die wichtigsten Schlüsselwörter

Was versteht man unter dem Begriff »Schlüsselwort«? Schlüsselwörter oder so genannte Hörzeichen sind bestimmte Worte, die Ihr Welpe durch regelmäßige Wiederholung mit einer bestimmten Handlung verbindet. Jedes Mal, wenn Sie ihm dann dieses Hörzeichen geben, wird er genau die Handlung ausführen, die er damit verknüpft hat. Man unterscheidet dabei zwei grundlegende Formen:

- Hörzeichen, die jeder Vierbeiner unbedingt kennen und lernen sollte, wie »Hier«, »Sitz«, »Platz« und »Pfui«.
- Hörzeichen, die ganz speziell auf die individuellen Lebensumstände eines einzelnen Hundes abgestimmt sind oder aber aus ihnen erwachsen, weil bestimmte Anlässe immer wiederkehren.

»Hier«, »Sitz«, »Platz« und »Pfui« sind also die wichtigsten, beinahe könnte man sagen die lebenswichtigen Schlüsselwörter. Überlegen Sie einmal selbst: Ganz genau genommen kommt ein Hund, der nur diese vier Begriffe kennt, sein gesamtes Hundeleben in unserer menschlichen Gemeinschaft gut zurecht. Voraussetzung ist jedoch, dass er den Schlüsselwörtern auch Folge leistet.

Natürlich lernt ein Hund, der optimal in seine Familie integriert ist, ununterbrochen weiter, indem er seine Bezugsperson ständig beobachtet und aus jeder Wiederholung lernt. Auch ohne ihm gezielt etwas beizubringen, wird er sich weitere Schlüsselwörter aneignen. So genügt es oft schon, wenn Sie zwei oder drei Mal beim Erscheinen einer bestimmten Person zu sich selbst sagen: «Ja, wer kommt denn da?«, und Ihr Hund wird ohne Ihr Zutun beim nächsten »Ja, wer kommt denn da?« mit höchster Aufmerksamkeit die Umgebung in Augenschein nehmen. Er erwartet dann geradezu, eben jene Person irgendwo zu erspähen und sie zu begrüßen. Aber wirklich wichtig für das reibungslose Zusammenleben mit seiner Menschenfamilie ist eine solche Verknüpfung nicht.

38

Kontrollieren Sie ab und zu die Ohren Ihres Hundes. Ein gesundes Ohr sollte nicht öfter als ein- bis zweimal pro Monat mit einem sauberen Tuch gereinigt werden.

Wichtig »Hier«, »Sitz«, »Platz« und »Pfui« werden ein ganzes Hundeleben lang benötigt. Vermitteln Sie Ihrem Welpen diese Hörzeichen so früh wie möglich. Dann gehen sie ihm in Fleisch und Blut über, und müssen später nicht durch »härtere« Methoden beigebracht werden.

Die meisten Welpenbesitzer machen bei der Vermittlung der Hörzeichen weit reichende Fehler. Ihnen ist nämlich nicht klar, dass der kleine Vierbeiner ja erst einmal eine richtige Fremdsprache erlernen muss, um überhaupt zu begreifen, was von ihm erwartet wird. Und das kostet Zeit und Geduld und nicht zuletzt Einfühlungsvermögen.

39

Viele Hundebesitzer wollen, dass ihr Hund beim Klang der Türglocke kurz bellt. Machen Sie schon den Welpen darauf aufmerksam: »Es klingelt!« oder »Hast du gehört?«

Das »Hier«

Natürlich können Sie genauso gut »Komm« oder »Zu mir« rufen, die Phonetik interessiert Ihren Welpen in diesem Zusammenhang nicht. Wichtig: Am eingängigsten und deshalb geeignetsten sind ein- bis zweisilbige Wörter sowie – speziell für das Heranrufen – helle Vokale, weshalb das »Hier« nach wie vor ideal ist.

40

Falls Sie mit Ihrem Hund eine Begleithundeprüfung ablegen möchten, sollten Sie Ihrem Welpen frühzeitig für das Herkommen das Hörzeichen »Hier« vermitteln. Es wird als Schlüsselwort in der Prüfung verlangt.

Wichtig Benutzen Sie unbedingt immer gleiche Schlüsselwörter für die gleichen Vorgänge. Nur dann kann Ihr Hund Anweisung und Handlung miteinander verknüpfen, denn seine logischen Denkfähigkeiten sind begrenzt.

Welpen suchen von sich aus immer wieder den Kontakt zu der Person, der sie vertrauen. Wenn sich Ihr Hundebaby also freudestrahlend auf Sie zubewegt, gehen Sie in die Hocke, um es nicht gleich durch Ihre Größe einzuschüchtern. Sagen Sie dazu freundlich: »Hier!« – am besten in Verbindung mit dem Namen Ihres Hundes. Kommt er, loben Sie den Welpen herzlich. Ein Leckerchen unterstreicht das Lob nachhaltig. Es ist immer gut, einige davon in der Tasche zu haben.

So sollte es nie aussehen: Ein erwachsener Hund zieht sein Frauchen kreuz und quer durch die Gegend.

Das Heranrufen kann ganz gezielt geübt werden. Dazu sollte eine zweite Person den Hund am Halsband festhalten, während sich Herrchen oder Frauchen möglichst schnell im Laufschritt vom Welpen entfernt. Je schneller und weiter der Besitzer sich von seinem kleinen Vierbeiner entfernt, desto wirkungsvoller ist die Übung.

Dadurch tritt der Meutetrieb des Hundes zutage. Der Welpe fürchtet, seine Bezugsperson – sprich: sein Rudel – zu verlieren. In freier Wildbahn wäre das sein sicherer Untergang, denn nur sein Rudel gewährt ihm sicheren Schutz und Nahrung. Er wird alles tun, um den Anschluss wieder herzustellen. Wenn sein Besitzer sich ihm dann nach etlichen Metern zuwendet und ihn in der Hocke gezielt mit seinem Namen und dem Hörzeichen »Hier« zu sich heranruft, gibt die zweite Person den Welpen frei. Der kleine Hund wird sich mehr als beeilen, sein Herrchen zu erreichen. Vergessen Sie nicht, den Kleinen bei seinem Eintreffen ganz überschwänglich zu loben und ihn zu knuddeln. So wird er mit dem Hörzeichen »Hier« immer sein freundliches Herrchen und viel Lob, also Angenehmes, verknüpfen und dem Hörzeichen gerne Folge leisten. Verzichten Sie nicht auf die Chance, Ihren Hund über positives Loben zu erziehen.

41

Rufen Sie Ihren Welpen anfangs in der Hocke zu sich. Sie wirken dann nicht ganz so furchterregend groß.

Sollte Ihr Hund einmal durch irgendetwas derart in seiner Aufmerksamkeit gefesselt sein, dass er auf Ihr Hörzeichen nicht reagiert – zum Beispiel durch den Geruch aus einem Mauseloch –, schlucken Sie bitte Ihren Ärger herunter. Verderben Sie das frisch erworbene Vertrauen des Welpen nicht. Gehen Sie in einem solchen Fall ruhig(!) auf ihn zu und leinen Sie ihn an. Geben Sie nochmals das Hörzeichen »Hier« und dem Welpen einen kurzen Ruck mit der Leine. Sowie er auf den »Boden der Tatsachen« zurückgekommen ist und Sie wieder registriert, loben Sie ihn ausgiebig.

42

Wenn Sie Ihren Welpen aus der Hocke rufen, wird dieser schneller zu Ihnen laufen. Da Sie kleiner wirken, nimmt er an, Sie hätten sich weiter von ihm entfernt.

Das »Sitz«

Ganz einfach und natürlich kann man seinem Welpen auch dieses Schlüsselwort beibringen. Nutzen Sie sein ihm angeborenes Verhalten in Ihrem Sinne. Bereits der Saugwelpe wird, sobald er etwas älter ist und bereits sehen, hören und sich selbstständig fortbewegen kann, von der Mutter oft in sitzender Stellung gesäugt. Schon hier muss also der Welpe statt liegend ebenfalls im Sitzen seine Mahlzeit zu sich nehmen, wobei er immer wieder mit den Vorderpfoten gegen das Gesäuge der Mutter tritt. Während und auch nach der Entwöhnung bettelt der Welpe bei der Hundemutter um Nahrung. Dies geschieht dadurch, indem er sich neben sie hinsetzt und sie freundlich durch Mundwinkelstupsen, Lecken und Pfötchenheben um Futterherausgabe bittet. Der Fachmann spricht hier vom Bettelsitzen.

Halten Sie Ihrem Welpen ein Futterbröckchen über die Nase und sagen Sie dazu »Sitz«. Sollte er gleich danach schnappen oder durch Hochspringen versuchen, den Leckerbissen zu erwischen, geben Sie ihm diesen nicht! Wenn er sein Hinterteil auf den Boden gesenkt hat, belohnen Sie ihn jedoch sofort mit dem Futterbröckchen und freundlichen Worten. Sehr schnell bekommen Welpen den Zusammenhang zwischen dem Schlüsselwort und der Belohnung heraus. Ältere Welpen und Junghunde besitzen meist schon ein ganz bestimmtes Lieblingsspielzeug, zum Beispiel einen Ball, einen Beißring oder eine Jutewurst. Belohnen Sie sie mit diesem Spielzeug.

43

Manche Welpen reagieren ängstlich, wenn ein Fremder sie am Halsband hält. Lassen Sie den Hund von einer zweiten Person an der Leine festhalten. Er kommt beim Abrufen genauso gern mit schleppender Leine zu Ihnen gelaufen.

Das »Platz«

44

Manchmal reicht es, kurz in die Hände zu klatschen, um einen »abwesenden« Welpen wieder in die Wirklichkeit zurückzurufen. Wiederholen Sie dann das »Hier«.

Hat Ihr Welpe das Schlüsselwort »Sitz« verinnerlicht, können Sie ihm ohne großen Zwang beibringen, was das Hörzeichen »Platz« bedeutet. Auch hier wird dem Welpen der Zusammenhang zwischen dem Hörzeichen und der Handlung über Lob und Belohnung klargemacht.

Ausgehend von einer schön ausgeführten Sitzübung, geben Sie dem Welpen nun das Hörzeichen »Platz«.

Legen Sie dabei Ihre freie Hand auf sein sitzendes Hinterteil. Senken Sie gleichzeitig den Leckerbissen in der anderen Hand vor ihm auf den Boden ab und ziehen ihn am Boden entlang von ihm weg. Um das Futter zu erreichen, wird sich der Welpe strecken müssen, denn am Aufstehen hindert ihn Ihre Hand.

Automatisch geht er mit den Vorderpfoten nach vorne, bis er tatsächlich in der Platzlage angekommen ist. Sofort sollte er ausgiebig gelobt werden und sein verdientes Futterbröckchen auch erhalten.

Auch wenn der Welpe kurz nach dem Loben vor Begeisterung wieder aufsteht, ist die Übung richtig ausgeführt worden. Verlangen Sie von einem zwei Monate alten Hund noch nicht stundenlanges Stillliegen auf Kommando. Es geht in erster Linie darum, ihm das Schlüsselwort an sich zu übersetzen. Erst mit zunehmendem Alter kann man diese Übung verlängern, bis der erwachsene Hund so lange auf seinem »Platz« verbleibt, bis er abgerufen oder abgeholt wird.

45

Pfötchengeben ist kein Kunststück für einen Welpen, sondern eine natürliche Verhaltensweise. So bettelt er bei seiner Mutter um Futter. Wenn Sie ihn für diese Verhaltensweise mit einem Leckerbissen belohnen, wird er das Pfötchengeben gern beibehalten.

Das »Pfui«

Kommen wir zum vierten wichtigen Begriff, bei dem von unerfahrenen Hundebesitzern die gravierendsten Fehler gemacht werden. Gegenüber den drei anderen Hörzeichen ist das »Pfui« ein negatives Zeichen: ein Verbot, das der Welpe sehr schnell als unangenehm empfindet. Bei dessen Vermittlung müssen Sie als Hundebesitzer sehr viel Fingerspitzengefühl an den Tag legen. Sonst riskieren Sie es, schon beim Welpen ein unerwünschtes Meideverhalten hervorzurufen, wenn das Hörzeichen auch nur andeutungsweise fällt.

Achtung Gebrüll bewirkt einzig und allein, dass der Welpe seinen neuen Besitz verschleppen und außer Reichweite seines »futterneidischen« Menschen bringen wird. Bleiben Sie also stets beherrscht! Bleiben Sie ruhig stehen, und rufen Sie nachdrücklich »Pfui!«

Vergegenwärtigen Sie sich einmal die Situation, in der ein »Pfui« nötig wird. Meist vergreift sich der Welpe entweder an persönlichen Dingen seines Besitzers, oder aber er stürzt sich beim Spaziergang begeistert auf irgendeine Ekelhaftigkeit. Wer jetzt die Nerven verliert und wütend auf seinen Welpen anschreit, hat ein für alle Mal verloren. Dieser wird wahrscheinlich beim ersten Mal vor Schreck seine »Beute« fallen lassen und das Weite suchen, aber nochmal passiert ihm dies nicht! Denn schon bald fasst er dies als Spiel auf. Auch beim ersten »Pfui« wird der Welpe heftig erschrecken und seine Beute fallen lassen. Loben Sie ihn nun unverzüglich überschwänglich! Wahrscheinlich wird er über dieses unvermutete Lob so froh sein, dass er sogar zu Ihnen gelaufen kommt. Loben Sie ihn auch hierfür, und geben Sie ihm einen Belohnungshappen.

Aber nicht alle Welpen lassen so einfach ihre Beute fallen. Gehen Sie in solchen Fällen ganz ruhig zu Ihrem Hund hin, nehmen Sie ihn ebenso ruhig am Halsband, und sagen Sie wieder nachdrücklich »Pfui!«. Rucken Sie dabei dem Charakter Ihres Welpen entsprechend mehr oder weniger stark am Halsband. Sobald der Welpe auslässt, loben Sie ihn sofort. Geben Sie ihm – als zusätzliche Belohnung und als Beutetausch – einen Leckerbissen oder sein Lieblingsspielzeug. Da ihm dies mit Sicherheit lieber ist als eine zwar interessante, aber unbekannte Beute, wird er auch weiterhin die für ihn angenehmere Lösung wählen: nämlich sein Wurstbröckchen oder seinen heiß geliebten Ball.

Egal, in welcher Situation sich Ihr Hund befindet, ob beim Tierarzt, beim Besuch im Gasthaus, auf dem Spaziergang oder zu Hause innerhalb seiner Menschenfamilie: Mit »Hier«, »Sitz«, »Platz« und »Pfui« vom Welpenalter an haben Sie den Grundstein gelegt für einen gut erzogenen, angenehmen und überall gern gesehenen Hund.

46

Passen Sie den Spielball der Größe Ihres Hundes an. Er sollte sich unter keinen Umständen daran verschlucken können.

47

Üben Sie niemals Druck auf das noch weiche Rückgrat aus, es kann diesem noch nicht unbeschadet standhalten. Beschränken Sie sich auf das Hinterteil des Welpen.

48

Wenn Ihr Hund das Hörzeichen »Platz« beherrscht, müssen Sie darauf bestehen, dass er es auch ausführt. Verweigert er, ziehen Sie ihm nötigenfalls die Pfoten weg und werfen ihn zu Boden. Loben Sie ihn sofort, und beenden Sie das Üben.

49

Alle Welpen untersuchen ihre Umwelt mit Maul und Zähnen. Bis zu einem gewissen Maß ist dies richtig und wichtig! Auch ein Kothaufen kann schon einmal auf diese Weise erforscht werden.

Weitere wichtige Hörzeichen

Über dieses »Grundwissen« hinaus können Sie mit der richtigen Verknüpfung bereits Ihrem Welpen möglicherweise mitgegebene, unangenehme Unarten auf ganz natürliche Weise abgewöhnen.

»Ruhig«, »Still«

Eine Unart, die zum Glück nicht jeder Hund zeigt, ist große Bellfreudigkeit. Ich spreche hier nicht von jenen vielen Vierbeinern, die beim Klingeln an der Haustür oder bei unbekannten Schritten im Hof ihre Besitzer durch kurzes Anschlagen, wie das Bellen in der Fachsprache heißt, auf eine ungewöhnliche Situation aufmerksam machen. Denn dies ist normal und darf ruhig geduldet werden, wenn sich der Hund danach schnell wieder beruhigt. Welpen verbellen in ihren ersten Lebenswochen normalerweise noch keine fremden Besucher, da die Natur dies logischerweise für einen so kleinen Kerl nicht vorsieht. Aufzupassen und seine Familie vor eventuellen Gefahren zu warnen ist in einem Rudel ganz eindeutig die Aufgabe der Älteren, ja sogar des Rudelchefs, nicht die eines relativ wehrlosen und unerfahrenen Jungtieres. Dies zeigt die große Umsicht natürlichen Verhaltens.
Es geht um diejenigen vierbeinigen Kameraden, die vom Welpenalter an eine ausgesprochen enthusiastische Neigung zum Dauerbellen besitzen und die alles zum Anlass nehmen, um diese Neigung auszuleben. Egal, ob das Müllauto vorüberfährt, die Nachbarin die Treppe hinuntergeht – alles wird angebellt.

Extratipp Bellfreudigkeit ist mitunter eine rassebedingte Veranlagung. So findet man unter den Hütehundrassen Schäferhund oder Collie bellfreudigere Vertreter als zum Beispiel bei den so genannten Lagerhunden, also den Rottweilern oder Boxern. Aber auch einige kleinere Hunderassen gelten als recht lautstarke und ausdauernde Beller. Erkundigen Sie sich vor der Anschaffung danach, um unliebsame Überraschungen zu vermeiden.

Ob nun vererbt oder durch nachlässige Erziehung angeeignet, in jedem Fall ist anhaltendes Dauerbellen eine recht unangenehme Eigenschaft des einzelnen Vierbeiners. Und es führt verständlicherweise nicht selten zu Problemen mit der Nachbarschaft. Nur durch konsequente Erziehung können Sie dieses höchst unerwünschte und lästige Verhalten in halbwegs erträglichen Grenzen halten.
Meist macht sich die Neigung zum Bellen schon beim Welpen bemerkbar. Solche kleinen Kerlchen kommentieren ihre komplette Umgebung, jedes neue Spielzeug, jeden Spaziergang, jeden Artgenossen, jeden Vogel, ja sogar oft ihr Futter mit Bellen. In diesem Fall sollten Sie nicht lange zuschauen, auch wenn es anfänglich noch so lustig ist. Erwachsene Hunde, die einen vorlauten Welpen oder Junghund zum Stillsein bringen wollen, beeindrucken diesen durch den so genannten Schnauzengriff so stark, dass sie sich nicht mehr trauen, weiterhin zu knurren oder zu bellen. Das Vorbild ist lehrreich. Diese Aktion wird vom Althund ohne große Vorwarnung und so blitzschnell ausgeführt, dass dem jungen Hund mit Sicherheit keine Zeit bleibt, sich rechtzeitig zu entziehen. Dann ist sichergestellt, dass Handlung und Reaktion verknüpft werden. Genauso sollten Sie reagieren!

50

Vergessen Sie in den ersten Monaten nicht, immer einige Leckerchen für den Notfall in der Tasche zu haben.

51

Stammt Ihr Welpe von bellfreudigen Eltern ab, dann müssen Sie bei ihm mit derselben Eigenschaft rechnen. Halten Sie rechtzeitig dagegen.

Ein Schnauzengriff beeindruckt einen bellfreudigen Hund. Genauso würde seine Mutter ihm auch zeigen, dass er bestimmte Regeln in der Hundewelt nicht einhält.

Sollte Ihr Welpe also wieder etwas unnötigerweise verbellen, gehen Sie zu ihm hin, greifen ihm schnell von oben mit der Hand über seine Schnauze und drücken kurz zu. Selbstverständlich sollte der Druck dem Alter des Hundes bzw. seiner Empfindlichkeit angemessen sein. Aber keine Angst: Hundemütter gehen meist wenig zimperlich mit ihrer Nachkommenschaft um. Sie können also durchaus spürbar zugreifen. Schließlich soll Ihr Griff den Welpen beeindrucken und nicht als Streicheleinheit und somit als Bestätigung für sein Verhalten missverstanden werden. Denn dann wird er eine Dauereinrichtung machen.

Sagen Sie in dem Moment, in dem Sie dem Welpen über den Fang, also seine Schnauze, greifen, nachdrücklich »Ruhig!« oder »Still!«. Stellt der Welpe sein Gekläff ein, loben Sie ihn dafür.

52 **Informieren Sie Ihre Nachbarn über Ihren Familienzuwachs. Auch wenig bellfreudige Hunde können in der ersten Zeit aus lauter Heimweh zu kleinen Ruhestörern werden.**

Extratipp Bei hartnäckigen Bellern hat sich folgende Methode bewährt:

- Legen Sie sich eine gefüllte Wasserspritzpistole bereit, die Sie jederzeit greifen können. Sollte Ihr Welpe beim Bellen wieder einmal kein Ende finden, greifen Sie ohne Vorwarnung nach der Wasserpistole und spritzen ihm ein oder zwei Mal eine kräftige Ladung Wasser ins Gesicht. Das tut nicht weh, erschreckt den Welpen aber im ersten Moment so nachhaltig, dass er verstummt.
- Sagen Sie im Moment der Strafe mit Nachdruck Ihr Hörzeichen für das Stillsein, damit der Welpe den Zusammenhang begreifen lernt. Sowie er ruhig ist, müssen Sie ihn ausgiebig dafür loben. Auch ein Leckerchen bestärkt ihn.

53 **Hunden mit großer Neigung zum Bellen können Sie über das Bettelsitzen das Hörzeichen »Gib Laut« beibringen. Sie können ihrem Trieb dann hin und wieder ungestraft nachgeben.**

»Ab«, »Lass das«

Eine weitere sehr unangenehme Verhaltensweise von Hunden ist das Hochspringen am Menschen. Ganz abgesehen davon, dass ein Vertreter großer Rassen durchaus in der Lage ist, einen Menschen – vor allem ein Kind – aus dem Gleichgewicht zu bringen, birgt das Hochspringen auch die Gefahr von weiteren Verletzungen.

Heruntergeschlagene Brillen, beim Kontakt mit der Hundeschnauze ausgeschlagene oder zumindest abgebrochene Zähne oder Kratzwunden durch die Krallen eines Hundes sollte man gar nicht erst abwarten.

Hunde, die einen Menschen vor Freude anspringen, machen dies natürlich nicht in der Absicht, ihn zu verletzen. Dieses Verhalten kommt aus einem natürlichen Instinkt heraus, den alle Hunde aufgrund ihrer gemeinsamen Abstammung haben. Wenn Welpen bei ihrer Mutter um Futter betteln, stupsen sie deren Mundwinkel an und belecken ihre Schnauze, um sie zum Hervorwürgen von vorverdautem Futter zu bewegen. Die Mutter reagiert darauf zuverlässig.
Wenn die kleinen Hunde dann älter werden, müssen sie natürlich nicht mehr von der Mutter ernährt werden. Das Mundwinkelstupsen aber bleibt dennoch als Ritual erhalten: Wenn ranghöhere oder ältere Rudelmitglieder begrüßt werden, kommen ihnen die jungen Tiere mit freundlichem Gesicht, angelegten Ohren und schwanzwedelnd entgegen und stupsen ihnen als Zeichen ihrer Unterwürfigkeit und ihrer Zuneigung mit der Schnauze gegen die Mundwinkel.
Heute ersetzt die Menschenfamilie das Rudel, und ein Zweibeiner ist für den Hund Mutter, Beschützer und »Leithund« zugleich. Auch sein Futter bekommt er vom Welpenalter an vom Menschen. Was liegt ihm näher, als das beschwichtigende Mundwinkelstupsen bei seinem Besitzer ebenfalls anzuwenden?

54

Trotz rauer Erziehungsmethoden behandeln Hundemütter ihre Welpen immer liebevoll – sie sollten uns ein Vorbild sein.

Ein Hund von dieser Größe kann einen Menschen durch Anspringen leicht zu Fall bringen oder sogar verletzen, auch wenn er dabei freundliche Absichten hatte.

55

Sie können Ihren Hund auch mit einer Wasserpistole gut zur Raison bringen. Spritzen Sie ihn nass. Das schmerzt nicht, wirkt aber fast immer.

56

Umstritten, aber wirksam: Der Klaps mit der zusammengerollten Zeitung hinterlässt Eindruck. Die Betonung liegt auf »Klaps«!

Da der Mensch auf seinen zwei Beinen steht, bleibt dem Hund nichts anderes übrig, als an ihm hochzuspringen, wenn er dessen Gesicht erreichen will! Der Mensch versteht ihn falsch ... Sie können Ihrem Welpen das Hochspringen sehr leicht vom Welpenalter an abgewöhnen. Beugen Sie sich bei der Begrüßung zu ihm nieder und loben und knuddeln Sie ihn nur, wenn er trotz seiner Freude mit allen vier Pfoten auf dem Boden bleibt. Sowie er Anstalten macht hochzuspringen, hindern Sie ihn daran und sagen dazu zum Beispiel das Hörzeichen »Ab« oder »Lass das«.

Auf das Wort kommt es nicht an, wichtig ist, stets dasselbe Schlüsselwort zu benutzen und dem Hund das Anspringen konsequent zu verwehren. Bei Welpen geht dies noch recht einfach. Mit einem halbwüchsigen Flegel tun Sie sich mit Sicherheit viel schwerer. Deshalb sollten Sie die Lernbereitschaft Ihres Welpen in den ersten Wochen optimal nutzen, um späteren Ärger zu vermeiden.

Übung macht den Meister

Besitzer von Welpen oder jungen Hunden fragen immer wieder: »Wann, wo und wie lange soll ich mit meinem Hund täglich üben?« Abgesehen von den versagenden, also an bestimmte Situationen gebundenen Verboten, geht es den Hundebesitzern bei dieser Frage hauptsächlich um das »Hier«, das »Sitz« und das »Platz«.

Wann üben?

Zuerst zur Frage des richtigen Zeitpunkts. Es versteht sich wohl von selbst, dass Sie von einem Welpen, der gerade ein ausgedehntes Spiel mit einem Artgenossen hinter sich hat und sich müde, aber glücklich auf seinen Platz verzogen hat, nicht genau dann eine sauber ausgeführte Sitzübung verlangen. Auch wenn der kleine Kerl gerade angezeigt hat, dass er dringend nach draußen muss, um sein anstehendes Geschäft zu verrichten, ist das ein sehr schlechter Zeitpunkt für eine Gehorsamsübung. Er wird dabei keine Aufmerksamkeit aufbringen.

> **Extratipp** Lernen oder gezielt handeln kann ein Welpe nur, wenn er nicht müde, sattgefressen, in Bedrängnis oder anderweitig stark abgelenkt ist, sondern sich mit wachem Verstand auf das konzentrieren kann, was sein Mensch von ihm verlangt. Sie sind der Klügere – beachten Sie dies.

Abgesehen von diesen Ausnahmen gibt es aber so gut wie keine weiteren Einschränkungen. Ob morgens in der Wohnung, im Garten oder nachmittags auf dem Spaziergang, wenn Sie Ihrem Welpen seine Schlüsselwörter richtig vermittelt haben, wird er sich richtiggehend darum reißen, etwas ausführen zu dürfen. Er weiß ja inzwischen, dass für ihn immer etwas Gutes dabei herauskommt: ein Leckerbissen, viele Streicheleinheiten oder ein tolles Ballspiel.

57 Laufen Sie nicht weg, wenn ein großer Hund an Ihnen hochspringen will! Drehen Sie ihm den Rücken zu. Er versteht Ihre Ablehnung, und Sie sind notfalls vor Gesichtsverletzungen geschützt.

Wo üben?

Und da sind wir auch schon beim Ort der Übung. Bauen Sie Ihre kleinen Übungen überall ein:

- Lassen Sie den Welpen in der Wohnung erst eine Sitzübung machen, bevor Sie ihm den Futternapf hinstellen.
- Schicken Sie ihn mit dem Hörzeichen »Platz« auf seine Decke oder in sein Körbchen, wenn Sie und Ihre Familie zu Mittag essen.
- Verlangen Sie auch beim Bürsten und Kämmen Ihres Welpen eine Sitz- oder Platzübung.
- Rufen Sie ihn mit dem Hörzeichen »Hier« zu sich heran, und lassen Sie ihn eine Sitzübung machen, bevor Sie ihm das Halsband und die Leine anlegen, um spazieren zu gehen (außer natürlich, er hat gerade angezeigt, dass er dringend muss. Dann ist Eile angesagt).
- Lassen Sie ihn beim Spaziergang »Platz« machen, bevor Sie ihm sein Lieblingsspielzeug überlassen. Wenn er sich dann wirklich hingelegt hat, dürfen Sie nicht vergessen, ihm dies auch zu geben.
- Lassen Sie ihn erst ins Auto einsteigen (das die meisten Hunde abgöttisch lieben und verteidigen), wenn er sich auf Hörzeichen brav gesetzt hat und Sie die Tür öffnen konnten.

58 Schubsen Sie Hunde weg, die Sie auch dann anspringen, wenn Sie sich abwenden. Loben Sie sie erst, sobald sie wieder auf allen Vieren stehen.

Wichtig Egal, wo Sie sich mit Ihrem Hund befinden, seine Schlüsselwörter bleiben immer die gleichen. Nur wenn Sie sie ständig im gleichen Zusammenhang anwenden, verbindet der Hund sie zuverlässig mit einer Handlung. Dann ist er sicher, was Sie von ihm erwarten.

Wie lange üben?

Und damit hat sich die Frage nach der Übungsdauer auch schon fast von selbst erledigt. Da Welpen in ihrer Konzentrationsfähigkeit rascher ermüden als erwachsene Hunde, sollten die Übungen immer relativ kurz sein, dafür aber regelmäßig wiederholt werden. Stete Übung schult den Hund. Es nützt überhaupt nichts, vom Welpen stundenlang ein und dieselbe Übung zu verlangen.

Abgesehen davon, dass er sich sowieso nur ein paar Minuten am Stück auf diese eine Handlung konzentriert, macht es dem Hund auch irgendwann überhaupt keinen Spaß mehr. Dies hat dann wiederum den Effekt, dass sich beim nächsten verlangten »Sitz« nur Unlustgefühle bei ihm einstellen, weil die Übung zu einer negativen Erfahrung geworden ist. Und Unlustgefühle wird er zu vermeiden suchen.

Da es in der Natur der Hunde liegt, unangenehmen Dingen lieber aus dem Weg zu gehen, wird sich der Welpe bei der nächsten Gehorsamsübung mit Sicherheit sperren oder das Weite suchen.

Eine Ausnahme bilden die Verbote wie das »Pfui«. Man kann es nicht in dem Sinne trainieren wie die anderen Hörzeichen, und das sollte man auch nicht. Wichtig ist hierbei, dass Sie in dem Moment, in welchem das Verbot zum ersten Mal fällig wird, altersmäßig angepasst sehr nachhaltig auf Ihren jungen Hund einwirken.

59 Hunde, die aller Erziehung zum Trotz beharrlich anspringen, sollte man auf das ausgestellte Knie auflaufen lassen. Die Schmerzen werden sie in Zukunft von diesem Verhalten abhalten.

60 Einigen Sie sich innerhalb Ihrer Familie auf übereinstimmende Hörzeichen, um Ihren Hund nicht zu verwirren.

Extratipp Bauen Sie die Erziehung, also die Übungen mit dem Hund, in den normalen Tagesablauf ein. Dann lernt Ihr junger Begleiter nahezu automatisch, wann welches Verhalten angemessen ist.

Nur der Hund, der sich auf seinen Besitzer konzentriert, ist empfänglich für eine Lernaufgabe.

Dieses Hörzeichen muss für den Vierbeiner von Anfang an einen unangenehmen Beigeschmack bekommen, dann wird er bei jedem erneuten »Pfui« sofort Meideverhalten zeigen, genau das, was Sie in diesem Moment erreichen möchten. Verbote können also in diesem Sinne nicht in den Tagesablauf eingebaut werden, sondern ergeben sich im Normalfall aus der momentanen Situation. Natürlich erziehen bedeutet nämlich auch, seinem Hund über das positive Loben so viel wie möglich von dem zu zeigen, was er darf. Dann ist es erst gar nicht nötig, ständig irgendwelche Verbote auszusprechen, die das junge Tier leicht verunsichern und zu Fehlverknüpfungen verleiten können. Wie im Fall der jungen Rottweilerhündin, die mit vielen Verboten aufwuchs. »Pfui!«, »Nein!« und »Lass das!« waren ihr bereits nach wenigen Tagen besser bekannt als alle anderen Schlüsselwörter. Das Tier wurde zusehends unsicherer. Besser wäre es gewesen, die Wohnung »welpensicher« zu machen und alles in Sicherheit zu bringen, was nicht in Welpenzähne geraten sollte. Mehr Beschäftigung mit dem Tier und mehr körperliche Betätigung hätten seinen Entdeckerdrang in positive Bahnen gelenkt. Lob für richtiges Verhalten hätte die Hündin vom Ausprobieren verbotener Dinge abhalten können.

61

Für einen Welpen sind kleine Lerneinheiten ideal. Lockern Sie ihn nach etwa fünf bis zehn Minuten durch ein Spiel auf.

Zwischen viertem und sechstem Monat wird aus dem Welpen ein Junghund.

Was ändert sich im Junghundalter?

Im Laufe des vierten Lebensmonats beginnen die meisten Hunderassen – bis auf einige Ausnahmen, wie zum Beispiel der Yorkshire-Terrier – mit dem Zahnwechsel, der etwa mit dem Ende des sechsten Monats abgeschlossen sein dürfte. Mit beginnendem Zahnwechsel wird aus dem Welpen langsam, aber sicher ein Junghund, so wie aus einem kleinen Kind langsam ein Schulkind wird. Die Vierbeiner befinden sich während dieser Zeit in ihrer Rudelordnungsphase, wie Sie in der Tabelle im ersten Kapitel (siehe Seite 19) sehen können. Diese geht dann ab dem siebten Lebensmonat in die Pubertät über.
So wie Kinder aus dem Kindergartenalter herauswachsen und zum Schulkind werden und dementsprechend mehr gefördert werden, sollten auch Sie Ihren Junghund mit weiteren Übungen fordern. Aus dem spielerischen, zwanglosen Lernen sollte jetzt für den Junghund ein »Unterricht für Erstklässler« werden: Nach wie vor bekommt er für gute Leistungen viel Lob, aber die Anforderungen steigen entsprechend seinem Alter. Lassen Sie keine Langeweile aufkommen!

62

Hunde mit sehr kurzen Schnauzen haben bisweilen Probleme mit dem Zahnwechsel. Wenn Sie also eine Bulldogge oder einen Boxer haben, sollte der Tierarzt das Milchzahngebiss prüfen.

Das »Bei-Fuß«

Bei einem Hund dürfen Sie im Alter von etwa einem halben Jahr bereits eine höhere Konzentrationsfähigkeit erwarten. Jetzt ist auch deshalb der richtige Zeitpunkt, um gezielt mit dem Hörzeichen »Bei-Fuß« zu beginnen. Hierbei muss man zwischen dem »Bei-Fuß-Gehen« und dem »Bei-Fuß-Sitzen« unterscheiden. Beides übt man am besten getrennt und fügt es dann zusammen, wenn der junge Hund diese Übungen jede für sich beherrscht. So lassen sich Unsicherheiten vermeiden. Der Hund weiß bald, welche Handlung bei welchem Schlüsselwort gefordert ist, und er führt sie aus.

»Bei-Fuß«-Sitzen

Da bereits der Welpe das Hörzeichen »Sitz« gelernt hat, können Sie dazu übergehen, ihn das »Bei-Fuß«-Sitzen einüben zu lassen. Lassen Sie ihn diese Übung an Ihrer linken Seite ausführen.

Wichtig Im Prinzip macht es keinen großen Unterschied, ob Sie Ihren Hund links oder lieber rechts führen wollen. Wer aber irgendwann in einem Hundesportverein eine Begleithundeprüfung ablegen will, sollte wissen, dass die Regularien das »Bei-Fuß«-Gehen an der linken Seite verlangen. Menschen mit Gebrechen dürfen ihren Hund aber durchaus rechts führen.

63

Geben Sie Ihrem Welpen während des Zahnwechsels viel zu kauen, etwa Ochsenziemer oder Kauknochen. Das beschleunigt den Wechsel und stärkt die Kaumuskulatur. Zudem reizen dann verbotene Dinge den Welpen weniger zum Nagen.

Nehmen Sie Ihren Hund am Halsband, drehen Sie seinen Körper mit der freien Hand ruhig in die gewünschte Stellung neben Ihrem linken Bein und sagen Sie dazu das Schlüsselwort »Fuß« und sodann »Sitz«. Setzt er sich daraufhin brav neben Ihrem Bein ab, loben Sie ihn kräftig und geben ihm einen Leckerbissen. Wiederholen Sie diese Übung zwei bis drei Mal.
In der Regel haben junge Hunde auch hier sehr schnell den Zusammenhang zwischen dem Hörzeichen und der Handlung erkannt. Das »Bei-Fuß-Sitzen« können Sie überall üben, in der Wohnung genauso wie im Garten oder zwischendurch beim Spazierengehen.

64

Gewöhnen Sie Ihren Rüden daran, dass er zwischen den Vorgärten Ihrer Nachbarn »bei Fuß« geht und nicht in alle Gärten pinkelt.

»Bei-Fuß«-Gehen

Unabhängig davon können Sie nun auch das »Bei-Fuß«-Gehen üben. Ideal ist es natürlich, wenn Sie Ihrem Hund bereits jetzt angewöhnen, dass an der Leine auf Ihrer linken Seite geführt wird. Dies kann völlig zwanglos geschehen, denn von einem kleinen, tapsigen Welpen sollte man noch kein exaktes »Bei-Fuß«-Gehen verlangen.
In diesem Zusammenhang möchte ich erwähnen, dass das »Bei-Fuß«-Gehen bei allen Caniden, also Hundeartigen, zwischen Alt- und Jungtier zu beobachten ist. Während Welpen ihrer Mutter im Pulk schein-

bar ungeordnet hinterher hasten, schließen Junghunde sehr gerne zu einem vertrauten Althund auf, egal ob von rechts oder links. Sie traben genau auf Schulterhöhe über eine kurze Strecke neben ihm her, wobei sie sein Verhalten genau beobachten und begeistert imitieren. Im Erwachsenenalter verliert sich diese Eigenart allerdings wieder.

65

Sobald es klappt, sollten Sie das »Bei-Fuß«-Gehen auch unter Ablenkung trainieren, so etwa in der Nähe eines Fußballplatzes oder auf einem gut besuchten Gehweg.

Natürliches Verhalten nutzen

Den Drang des Junghundes zum Aufschließen kann sich der Mensch als andersartiger Partner und Vorbild zunutze machen. Gelingt es ihm, dieses Verhalten zu festigen, wird der Hund es ein Leben lang zeigen. Die Pädagogik nennt diesen Vorgang »Konditionierung«.
Am besten üben Sie anfangs auf einer ruhigen Wiese mit möglichst wenig Ablenkung. Nehmen Sie das Lieblingsspielzeug Ihres Hundes mit, oder aber entsprechende Leckerbissen. Immer sollte es etwas sein, was Ihr Hund wirklich mag und was auch tatsächlich eine Belohnung für ihn darstellt. Falls Sie nichts dabeihaben, knuddeln Sie ihn.

Wichtig Nehmen Sie Blickkontakt zu Ihrem Hund auf. Wecken Sie seine Aufmerksamkeit, zum Beispiel, indem Sie seinen Namen sagen. Dann haben Sie die Gewissheit, dass er auch wirklich auf Sie achtet.

66

Ein Leckerbissen muss willkommen sein! Was Ihr Hund nicht schätzt, erlebt er nicht als Belohnung.

Nehmen Sie die Leine in die linke Hand, die Belohnung in die rechte. Sowie er sich auf Sie konzentriert, machen Sie ihn auf sein Spielzeug in Ihrer Hand aufmerksam. Sagen Sie deutlich »Fuß«, und marschieren Sie in gerader Linie los. Wenn er bei durchhängender Leine schön nebenherläuft, sagen Sie ab und zu »Fein!«.
Nach einigen Metern und auch nur, wenn er besonders schön »Bei-Fuß«-geht, werfen Sie ihm seinen Ball, oder geben Sie ihm seinen Leckerbissen. Auch ein kräftiges Lob ist jetzt fällig. Nehmen Sie dann das Spielzeug wieder an sich bzw. einen neuen Leckerbissen, und wiederholen Sie das Ganze noch einmal.

Innerhalb kurzer Zeit können Sie die Strecken mit dem Hund bei Fuß verlängern und nach rechts oder links abbiegen. Immer wird er Ihnen dicht neben Ihrem Bein folgen, immer in der Erwartung seiner Belohnung. Diese sollte am Anfang in kurzen Abständen, dann in längeren Intervallen gegeben werden. Für einen so trainierten Hund wird das »Bei-Fuß«-Gehen immer ein wunderbares Spiel bleiben. Er weiß nie genau, wann der Ball plötzlich wegfliegt oder wann er den Leckerbissen erhaschen darf.

Belohnen Sie ihn allerdings nicht, wenn er gerade unkonzentriert ist, hinter Ihnen hertrottet oder an der Leine zerrt. Wenn er hinter Ihnen herschleicht, rucken Sie bitte zwei- oder dreimal kurz, aber kräftig an der Leine nach vorn, sagen Sie dazu nochmals »Fuß«, und loben Sie ihn sofort, wenn er wieder exakt neben Ihnen geht. Vermeiden Sie unbedingt, den Hund an der Leine nach vorne zu ziehen wie ein Spielzeugauto, denn ein andauernder Zug am Hals des Hundes bewirkt bei diesem das genaue Gegenteil von dem, was Sie von ihm erwarten: Er wird genauso kräftig dagegenziehen und somit noch weiter hinter Ihnen hergehen. Deshalb nochmals: Kurz und kräftig an der Leine rucken, danach sofort loben.

67

Wecken Sie die Aufmerksamkeit Ihres Hundes, bevor Sie aus der Grundstellung heraus »bei Fuß« gehen. Sprechen Sie ihn an, oder schnalzen Sie. Gehen Sie erst los, wenn er konzentriert ist.

Das Spielzeug in der Hand, der Junghund an der lockeren Leine: So wird das »Bei-Fuß« -Gehen ohne Zwang von klein auf richtig trainiert.

Sollte er an straffer Leine vorneweg ziehen, gilt dieselbe Formel, nur in umgekehrter Richtung: Rucken Sie kurz und kräftig einige Male mit der Leine nach hinten, um ihn durch dieses unangenehme Gefühl zu veranlassen, sein Tempo zu bremsen. Sagen Sie auch hierbei nachdrücklich und auffordernd das Schlüsselwort, und vergessen Sie nie, ihn zu loben, sobald er sich wieder wunschgemäß an Ihrer Seite hält. Nur dann, wenn er an lockerer Leine aufmerksam neben Ihnen geht, hat er eine Anerkennung verdient. Mit zunehmender Übungsdauer geht dem Hund das richtige »Bei-Fuß«-Gehen so in Fleisch und Blut über, dass es jederzeit und überall ausgeführt wird. Wichtig dabei ist, dass Sie selbst das Tempo bestimmen. Marschieren Sie am Anfang stramm wie beim Wandern. Sehen Sie sich gesunde junge Hunde bei ihrer natürlichen Bewegung an: Sie gehen selten im Schritt.

68

Ziehen Sie nie an der Leine! Ihr Hund wird konsequent gegenhalten. Rucken Sie lieber kurz an der Leine.

Nur alte Hunde oder Hunde, die müde sind, »schleichen« einher. Junge Hunde dagegen laufen immer im Trab, oder sie rennen im Galopp. Diesem Umstand müssen Sie als »Erziehungsberechtigter« Rechnung tragen, wenn Ihr Bemühen Erfolg haben soll. Hat Ihr Hund das »Bei-Fuß«-Sitzen bereits gelernt, können Sie die Übung »Bei-Fuß«-Gehen immer aus dieser so genannten Grundstellung

Junge Hunde imitieren das Verhalten des Althundes. Auch das »Bei-Fuß«-Gehen gehört zu den natürlichen Verhaltensmustern bei Hundeartigen.

Achtung Die Leine ist eine wichtige Korrekturhilfe. Missbrauchen Sie sie nicht als Abschleppleine. Ein kurzer Ruck genügt. Dann ist Ihr Hund informiert, dass Sie etwas von ihm wollen. Machen Sie deutlich, was das ist.

heraus beginnen. Halten Sie ab und zu einmal im Marschieren inne. Sie werden sehen, wie rasch ein Hund verknüpft: Beim Anhalten muss er sich setzen, sobald aber wieder das Hörzeichen »Fuß« ertönt, marschiert er aufmerksam neben seinem Menschen her. Vergessen Sie nie, ihn entsprechend zu loben! Ein so trainierter Hund wird so gut wie immer aufmerksam und willig sein Schlüsselwort »Fuß« befolgen, denn er weiß, dass er nur dann in den Genuss eines Spielzeugs oder des Leckerbissens kommt, wenn er beständig neben dem Bein seines Menschen bleibt. Dies ändert sich auch nicht, wenn die Leine weggelassen wird, sobald die Übung sitzt und korrekt ausgeführt wird. Erfahrene Ausbilder wissen: Sowie das »Bei-Fuß«-Gehen an lockerer Leine konstant und zuverlässig funktioniert und die Leine selbst als »Übersetzungshilfe« kaum noch zum Einsatz kommt, ist der Hund in der Lage, seine erlernte Handlung auch ohne diese durchzuführen.
Bleibt Ihr Hund einmal etwas zurück, man nennt dies »nachhängen«, geben Sie ihm mit der Leine ein oder zwei ganz kurze Rucks. Sagen Sie dazu jedes Mal »Fuß«. Sowie Ihr Vierbeiner dadurch wieder an Ihre Seite aufschließt, belohnen Sie ihn. Das Hörzeichen »Fuß« selbst fordert dem Hund einiges ab: richtiges Aufschließen neben seinen Menschen und aufmerksames Mitgehen direkt neben dem linken Bein und nicht irgendwo in seiner näheren Umgebung.

69

Wenn Sie Entscheidungshilfen für die Wahl zwischen einem Rüden und einer Hündin suchen, dann sollten Sie bedenken, dass Rüden ihre Grenzen stärker austesten als Hündinnen.

Die Hörzeichen «Hier«, »Sitz« und »Platz« festigen

Haben Sie mit Ihrem Hund von klein auf diese Schlüsselwörter richtig, nämlich über das positive Loben geübt, wird er sie auch als Junghund noch immer gern befolgen.

Ab etwa dem fünften Lebensmonat – also während der Rudelordnungsphase – werden Welpen nicht selten zu regelrechten Flegeln. Es kann Besitzern von recht selbstbewussten und temperamentvollen Junghunden passieren, dass diese anfangen, die ihnen gesteckten Grenzen auszutesten. Hörzeichen, vor allem das »Hier«, scheinen sie niemals kennen gelernt zu haben.
Keine Sorge, Sie haben deshalb als Erziehungsberechtigter nicht versagt. Aber in dieser neuen Phase entscheidet sich nun für die Zukunft, ob Ihr Hund Sie als Rudelchef akzeptiert oder ob Sie selbst durch unsicheres Verhalten all das, was Ihr Hund als Welpe bereits gelernt hat, zum Negativen verkehren.

70

Hunde lieben Menschen mit Charisma. Sie schätzen eine ruhige, überlegen-freundliche Ausstrahlung.

Wenn Ihr Hund wegrennt

Schauen wir, was geschieht, wenn ein halbwüchsiger Hund und ein Althund, der den jungen vom Welpenalter an großgezogen hat, gemeinsam eine Strecke laufen, und der Junghund bleibt einfach zurück, ohne sich um sein Rudel zu kümmern. Sicher haben Sie das schon einmal beobachtet, ohne sich darüber Gedanken zu machen: Der Ältere lässt den Jungen so lange in seiner Selbstständigkeit gewähren, bis die Distanz zu groß wird. Dann nimmt er ihn regelrecht mit Blicken aufs Korn, rennt los und versetzt dem Rangniedrigeren als Strafe für sein Ausbleiben ein paar gezielte Kniffe in die Nacken- und Schultergegend. Der Jüngere macht sich flach, was seine Unterwürfigkeit zum Ausdruck bringt, und rennt geduckt mit dem Althund auf schnellstem Wege wieder zum Rudel zurück.

Wichtig Versuchen Sie niemals, Ihren Hund rennend einzuholen, um ihn zu strafen! Ein Hund, und sei er durch seine Rassezugehörigkeit noch so klein, hat immerhin vier Beine und wird Sie in jedem Fall abhängen, zumindest aber auf gleiche Distanz halten. Nie werden Sie Ihren Junghund einholen und strafen können, so wie dies ein ausgewachsener Artgenosse mühelos schafft. Gefährden Sie Ihre Position als Leithund nicht mutwillig!

Sollten Sie es dennoch versuchen, haben Sie beim Hörzeichen »Hier« bereits Ihre Autorität verloren. Denn ein Hund registriert umgehend, dass er Sie problemlos abhängen kann, wenn er will. Er wird ein für ihn wunderbares Spiel daraus machen: Wegrennen, auf kurze Distanz stehen bleiben, frech das Herrchen anschauen, bei dessen Näherkommen wieder ein Stück weglaufen usw. Glauben Sie mir, Ihr Hund wird sich prächtig amüsieren! Für Sie bringt dieses Spiel puren Ärger über so viel Unverschämtheit mit sich. Denn Ihr Hund hat unverhohlen die Führung übernommen. Er wird nur noch dann auf das »Hier« reagieren, wenn ihm selbst gerade danach ist.

71

Falls Sie die Leine verloren haben, sollten Sie keinesfalls auf Ihren Hund zurennen. Er wird sofort wegrennen, und Sie bekommen die Leine erst recht nicht zu fassen.

Extratipp Kaufen Sie sich eine dünne Nylonleine von etwa fünf bis zehn Meter Länge mit einem kleinen Karabinerhaken. In Zukunft gehen Sie nur noch mit dieser Leine mit Ihrem Hund spazieren. Lassen Sie ihn wie gewohnt von der kurzen Führleine los, die dünne lange Leine aber schleift hinter dem Vierbeiner her. Das ungewohnte Anhängsel wird ihn am Anfang sicherlich ein wenig irritieren, aber nach den ersten Tagen wird er es als selbstverständlich akzeptieren. Nun entwischt er nicht mehr!

Die Notbremse ziehen

Den Mangel an Schnelligkeit müssen Sie als Mensch über Umwege gezielt ausgleichen. Denn wie Sie inzwischen wissen, sind Konsequenz und gezieltes Strafen im Moment des falschen Verhaltens bzw. richtiges Loben im Moment des erwünschten Verhaltens das A & O der natürlichen Hundeerziehung. Nutzen Sie diese Mittel!

Bem ersten Anzeichen dafür, dass Ihr Welpe auf dem Weg zum Junghund in das so genannte Flegelalter gerät und zum ersten Mal wegrennt, ohne sich um Ihr Rufen zu kümmern, sollten Sie angemessen und mit Nachdruck reagieren. Ausnahmen werden missverstanden.

Mit der Nylonleine gewinnen Sie Ihre Sicherheit zurück. Sie können Ihren Hund mühelos erreichen, ohne ihm wie einem flüchtenden Huhn ohne Aussicht auf Erfolg hinterherjagen zu müssen.

Rufen Sie Ihren Hund beim Spaziergang mit der schleppenden Leine gezielt zwischendurch zu sich heran. Bleiben Sie dabei stehen, denn er soll sich auf Sie zubewegen, nicht umgekehrt. Leistet er brav Folge, loben Sie ihn ausgiebig, und entlassen Sie ihn wieder in den freien Lauf. Sollte er beim ersten Abrufen aber gerade angelegentlich im Gras schnuppern, geben Sie ihm nach einer kurzen Pause eine zweite Chance, und rufen Sie ihn mit etwas mehr Nachdruck nochmals zu sich. Rührt er sich danach immer noch nicht, dann hat er Sie ganz gewiss nicht nicht gehört, sondern er will ganz einfach nichts hören.

72

Gehen Sie nicht direkt auf einen aufmüpfigen Welpen zu. Nähern Sie sich dem Hund ruhig aus einem unerwarteten Winkel, und treten Sie schnell auf das Ende des Leine.

Sobald Sie sich auf ihn zubewegen, wird er aber plötzlich wieder munter und beginnt sein Fang-mich-Spiel mit Ihnen, in der Gewissheit, dass er ohnehin schneller ist als Sie. Zum Glück denken Hunde nicht logisch. Deshalb wird ihm auch entgehen, dass Sie sehr wohl das Ende der langen Leine erreichen können, auch wenn Sie von ihm noch ein gutes Stück entfernt sind! Nehmen Sie das Ende auf, und bleiben Sie stehen. Rufen Sie Ihren Hund nochmals zu sich. Im gleichen Augenblick muss ein gezielter Ruck mit der Leine erfolgen! Der Hund wird erschrecken und nicht verstehen, wie es möglich ist, dass Sie plötzlich einen so großen Wirkungsbereich besitzen. Kommt er nun bei Ihnen

Frauchen kann zwar ihren Hund nicht erreichen, wohl aber das Ende der langen Leine! Mit einem kleinen Ruck und einem gezielten »Hier!« wird der Vierbeiner erneut herangerufen.

an, loben Sie ihn überschwänglich. Ein junger Hund lernt schnell, wie Sie inzwischen wissen. In diesem Fall wird ihm klar, dass »Ungehorsam-Sein« unangenehme Folgen hat, seinem Menschen zu folgen aber überaus angenehm ist.
Setzen Sie die Schleppleine auch in den folgenden zwei oder drei Wochen weiter ein. Vielleicht hat Ihr Hund nach der ersten Nachhilfestunde bereits verstanden, was Sie möchten. Durchsetzungskräftigere Vierbeiner versuchen es jedoch mit Sicherheit öfter. Erst wenn Ihr Hund wenigstens zwei Wochen am Stück Ihrem Hörzeichen Folge geleistet hat, verkürzen Sie langsam und Stück für Stück die Leine, bis er ganz ohne diese Hilfestellung auskommt.
In diesem Alter geht diese Phase des Grenzen-Austestens, die sich in Ungehorsam auswirkt, in der Regel noch relativ problemlos vorbei, da die charakterliche Entwicklung Ihres Hundes noch nicht abgeschlossen ist. Er ist noch mit wenigen Mitteln beeinflussbar.

73

Ein Hund braucht nach Meinung der Fachleute etwa sechs Wochen, bis er einen Lernprozess verinnerlicht hat.

Achtung Seien Sie geduldig. Vielleicht muss Ihr Hund vier Wochen lang mit seiner Schleppleine umherlaufen, bis er das gewünschte Verhalten verinnerlicht hat. Halten Sie dagegen, dass er nach dieser kurzen Zeitspanne etwa zehn Jahre als angenehmer Partner an Ihrer Seite verbringen wird.

Hat er ein unerwünschtes Verhalten allerdings erst einmal bis ins Erwachsenenalter beibehalten, tun Sie sich mit Sicherheit ungleich viel schwerer, ihm dieses wieder abzugewöhnen. Denn dann müssen Sie Ihren Erwartungen an den Hund viel nachdrücklicher Ausdruck verleihen. Manche Verhaltensweisen lassen sich beim ausgewachsenen Hund oft nicht mehr oder nur sehr schwer korrigieren. Wenn man sich diese Zusammenhänge deutlich macht, dann zeichnet sich umso unmissverständlicher ab, dass Verhaltensauffälligkeiten bei Hunden im Regelfall dem jeweiligen Herrchen oder Frauchen anzulasten sind. Erziehung darf deshalb nicht als Belastung gesehen werden. Nehmen Sie Ihren Hund ernst, und gönnen Sie sich und ihm frühzeitig eine liebevolle und verständnisvolle Erziehung.

Ein kleiner Schock wirkt Wunder

74

Hunde sehr großer Rassen haben meist eine eher kurze Lebenserwartung. Der irische Wolfhund beispielsweise wird nur etwa sieben bis zehn Jahre alt, ein Pudel dagegen oft sogar 15 Jahre.

Wenden Sie einen kleinen, ein wenig gemeinen Trick an, um Ihren Hund bereits ab dem Welpenalter an sich zu binden: Verstecken Sie sich hinter einem Baum oder anderen Objekten, ohne auf sich aufmerksam zu machen, wenn Ihr Hund auf dem gemeinsamen Spaziergang gerade angelegentlich mit Schnüffeln im Gras beschäftigt ist. Beobachten Sie ihn dabei heimlich. Irgendwann wird er Ihre Abwesenheit bemerken und sich ganz aufgeregt auf die Suche nach Ihnen machen. Manche Hunde rennen erst einmal ein Stück des Spazierweges zurück, andere versuchen, die Fährte des verlorenen Herrchens aufzunehmen, und die dritten machen einen langen Hals und spähen ganz aufgelöst in alle Himmelsrichtungen.
Bevor Ihr Hund den gesamten Spazierweg allein zurückrennt und auf den Treppenstufen vor Ihrer Haustür auf Sie wartet, sollten Sie ihn zurückrufen. Auch wenn er schon lange vergeblich nach Ihnen gesucht hat, sollten Sie ihm eine kleine Hilfe geben. Bedenken Sie, dass diese Situation für ihn mit erheblichem Stress verbunden ist, da er ein Rudeltier ist und zudem noch jung. Der Verlust seiner Familie ist für einen solch jungen Hund mit dem Gefühl der Gefahr verbunden.

Wichtig Diese Übung spricht den Meutetrieb des Hundes sehr stark an. Er weiß, dass er auf sein Rudel angewiesen ist. Wiederholen Sie die Übung keinesfalls ständig, denn dann stumpft er gegenüber diesem Reiz ab: Er lernt dann nur, dass es einfach dazugehört, dass Sie zeitweise außer Sicht sind. Die ganze Übung verliert dann völlig unnötig ihre Wirkung.

75

Wenn Ihr Hund seinen Spazierweg gut kennt, dann wird er Sie im Verlustfall nicht lange suchen, sondern nach Hause laufen. Rufen Sie ihn also rechtzeitig zurück!

Sobald er Sie gefunden hat, wird er sich heftig freuen, und dasselbe sollten auch Sie tun: Loben Sie ihn überschwänglich, und knuddeln Sie ihn für seine Bemühungen. Sie werden sehen, in den folgenden Tagen und Wochen wird er Sie kaum aus den Augen lassen. Immer wieder wird er sich durch einen kurzen Blick versichern, dass Sie noch da sind. Sobald Sie irgendwo in einen anderen Weg einbiegen, wird er sich beeilen, ebenfalls die Richtung zu ändern, um in Ihrer Nähe zu bleiben.

Nur wenn Sie den Eindruck haben, dass die Aufmerksamkeit Ihres Hundes Ihnen gegenüber wieder nachzulassen beginnt, können Sie die Übung wieder auf einem gemeinsamen Spaziergang einflechten.

76

Üben Sie nicht jeden Tag »Verschwinden«. Ihr Hund hält dies sonst für normal und achtet nicht weiter darauf.

Hin und her gerissen

Eine weitere Übung wirkt ebenfalls gut als Notbremse. Sie hat sich bestens bewährt. So wird zum Beispiel ein junger Hund, der irgendwo am Horizont einen Artgenossen auftauchen sieht, stehen bleiben und den anderen Vierbeiner beobachten. Ein unsicherer Blick vielleicht noch zu Ihnen, ein paar Galoppsprünge auf den fremden Hund zu, und die Gefahr, dass er tatsächlich gleich losrennt, ist groß. Im zweiten Kapitel haben Sie lesen können, wie Sie ihn über das Spielen völlig ohne Gewalt am Fortstürzen hindern und zugleich die Bindung an Sie stärken können. Behalten Sie den Hund im Auge, und greifen Sie gegebenenfalls rechtzeitig ein. Ist nun Ihr junger Hund etwas weiter von Ihnen entfernt und eventuell außerhalb Ihres Einflussbereichs, hört er plötzlich auch nicht mehr auf Ihr Rufen. Dann bleibt Ihnen nur eine Möglichkeit: Drehen Sie um, und rennen Sie selbst in die entgegengesetzte Richtung davon. Rufen Sie kurz seinen Namen – es reicht, wenn er nur nach Ihnen schaut –, und laufen Sie immer weiter fort von ihm. Nach mehr oder weniger langem Zögern wird sich Ihr Vierbeiner fast immer für Sie entscheiden. Vorausgesetzt natürlich, es besteht eine wirkliche Bindung zwischen Ihnen und Ihrem Hund. Das sollten Sie allerding keinesfalls so prüfen. Sobald er Sie eingeholt hat, freuen Sie sich mit ihm, loben Sie ihn und leinen Sie ihn ohne Hast an.

77

Halten Sie erst an, wenn der andere Hund außer Sicht ist. Sonst wird sich das Interesse Ihres Vierbeiners womöglich sofort wieder auf den anderen Vierbeiner verlagern.

Eindeutige Hörzeichen

Es gibt einen Fehler, der beim Heranrufen von vielen Hundebesitzern immer wieder gemacht wird. Sie benutzen die Hörzeichen nicht eindeutig und unmissverständlich. Dies kann sich in der Rudelordnungsphase besonders auffällig auswirken. Wenn Sie beispielsweise das Hörzeichen »Hier« nur als Aufforderung zum Weitergehen des Hundes gebrauchen, dann wird er es auch nicht anders verstehen.

Verwenden Sie die Hörzeichen beim Heranrufen stets eindeutig, und unterscheiden Sie genau zwischen den einzelnen Wörtern:

- Bleibt Ihr Hund beim Spazierengehen etwas zurück, während Sie bereits zügig vorwärts marschiert sind, und Sie möchten ganz einfach, dass er zu Ihnen wieder aufschließt, rufen Sie auf keinen Fall »Hier«, sondern »Komm« oder »Auf geht´s«.
- Beim Hörzeichen »Hier« allerdings sollten Sie immer auf ein gezieltes Herankommen bis zu Ihnen bestehen, zum Beispiel wenn Sie ihn anleinen möchten.

Denn bemerkt Ihr junger Vierbeiner auch nur einmal, dass man bei »Hier« zwar aufschließen, aber weiterhin in der Gegend herumschnüffeln darf, wird er auch in Zukunft dieses Hörzeichen nur teilweise befolgen. Für ein neues Spiel ist er immer aufgeschlossen.
Natürlich muss Ihr Hund nicht jedes Mal bis zu Ihnen herankommen, während Sie spazieren gehen und ihn rufen. Deshalb sollten Sie unbedingt wie oben angeführt unterscheiden: »Komm« für zwangloses Aufschließen, »Hier« aber für gezieltes Herankommen.

Achtung Vermeiden Sie unbedingt den Fehler, ein Hörzeichen für zwei verschiedene Handlungen zu benutzen! Nur die konsequente Verbindung einer Handlung mit einem bestimmten Hörzeichen ermöglicht Lernen.

78

Es hat sich bewährt, Hunde durch Geräusche wie Zungenschnalzen zum Aufschließen zu bewegen.

Die Schlüsselwörter »Sitz« und »Platz« bereiten während der flegelhaften Rudelordnungsphase meist keine größeren Probleme. Dennoch sollten Sie auch hier gemäß der fortschreitenden geistigen und körperlichen Entwicklung Ihres Hundes einen gesteigerten Schwierigkeitsgrad in die gemeinsamen Übungen einbauen. Denn wie bei allen Lebewesen gilt auch für den Junghund: Unterforderung bringt unnötige Langeweile und setzt Energien für Unfug frei.
Das »Sitz« sollte zum kompletten Tagesablauf eines Hundes gehören: Verlangen Sie es von ihm am Bordstein vor der Überquerung einer Straße, bevor Sie ihn beim Spaziergang ableinen und während Sie ihn nach dem Gassigehen wieder anleinen, beim Anlegen des Halsbandes und bevor er seinen Futternapf vorgesetzt bekommt.

Bestehen Sie in diesem Alter bereits darauf, dass Ihr Hund so lange sitzen bleibt, bis Sie ihn aus dem »Sitz« entlassen. Das kann durch ein anderes Schlüsselwort geschehen oder durch eine bestimmte Handlung Ihrerseits, die dem Hund das Ende der Sitzübung deutlich signalisiert. Ein Beispiel hierfür: Lassen Sie Ihren Hund absitzen, damit Sie ihn beim Spaziergang von der Leine lassen können. Bestehen Sie darauf, dass er sitzen bleibt, bis Sie ihn mit dem Hörzeichen »Lauf!« freigeben. Oder aber erinnern Sie sich an das Beispiel mit dem Futternapf: Stellen Sie den Napf erst dann vor Ihrem Hund ab, wenn er auf das Hörzeichen »Sitz« brav absitzt anstatt Sie wie wild anzuspringen und womöglich laut zu bellen. Erst wenn der Futternapf vor ihm am Boden steht, darf Ihr Hund aufstehen und mit dem Fressen beginnen.
Aber Achtung: Kein Hund, und sei er auch noch so geduldig, kann ewig lange in der Sitzstellung ausharren.
Verlangen Sie also kein stundenlanges Absitzen von Ihrem Hund, während Sie etwa mit dem Nachbarn, den Sie unterwegs getroffen haben, einen längeren Plausch halten. In einer solchen Situation sollten Sie auf Ihren Hund Rücksicht nehmen und ihn besser ins »Platz« schicken, damit er sich vom anstrengenden »Sitz «ausruhen kann.

79

Wenn sich Ihr Hund vor der Fütterung ungestüm aufführt und Ihr Hörzeichen »Sitz« nicht befolgt, dann machen Sie kehrt und tragen den Futternapf wortlos fort. Das bremst den wilden Taumel schlagartig.

Sollten Sie sich irgendwo länger aufhalten, schicken Sie Ihren Hund ins »Platz«. Denn im »Sitz« kann kein Hund lange verharren.

Die Ausführung dieses Schlüsselwortes sollte langsam, aber sicher ausgedehnt werden. Wie beim »Sitz« sollten Sie darauf bestehen, dass Ihr Hund erst dann seine Platzlage verlässt, wenn Sie es ihm erlauben. Ein Hund, der dies richtig gelernt hat, kann zum Beispiel auch problemlos in ein Restaurant mitgenommen werden. Dort bleibt er unter dem Tisch oder der Bank auf das Hörzeichen »Platz« hin so lange ruhig liegen, bis sein Besitzer seine Mahlzeit beendet hat.

Denken Sie daran: Unerzogene Hunde, die in einem Lokal ständig für Unruhe sorgen, sind mit Sicherheit keine gern gesehenen Gäste! Ersparen Sie sich und Ihrem Hund unnötigen Ärger.

80

Lassen Sie Ihren Hund im Regen oder im Winter nicht zu lange »Platz« machen. Vor allem Hunde ohne ausreichende Unterwolle können sich dabei leicht erkälten.

Wichtig In diesem Alter des Hundes benötigen Sie den Zwischenschritt über das »Sitz« zum »Platz« nicht mehr. Sobald er begriffen hat, was jedes Hörzeichen bedeutet, sollten Sie diese zeitlich voneinander trennen. Das verringert durch die eindeutige Zuordnung zwischen Zeichen und Handlung auch die Verwechslungsgefahr.

Konsequent getrennte Hörzeichen beugen auch einer eventuellen Verwechslung vor: Junge Hunde, die ständig direkt hintereinander einmal Sitz und einmal Platz machen müssen, neigen sehr schnell dazu, beide Hörzeichen zu verwechseln. Irgendwann gehen sie dann von sich aus immer in die Platzlage, weil sie genau registriert haben, dass sie eben immer dieses Hörzeichen kurz nach dem »Sitz« ebenfalls ausführen müssen. Diese Fehlverknüpfung später wieder zu korrigieren ist mit Sicherheit schwieriger als gleich von Anfang an darauf zu achten. Denn denken Sie daran: Von Anfang an richtig gelernt vermeidet Korrekturen, die für den Hund immer unangenehm sind. Korrekturen nämlich sind bereits wieder den Verboten gleichzusetzen. Verbote wiederum sind meist nur in Verbindung mit unangenehmen Einwirkungen auf den Hund durchsetzbar. Der ganze positive Grundcharakter einer Übung – nämlich freudig ausführen und sofort belohnt werden – geht dabei erst einmal verloren. Ein Hund sollte nicht das ausbaden müssen, was sein Besitzer ihm verkehrt beigebracht hat. Denn letztendlich muss das der Besitzer wieder ausbaden.

81

Nehmen Sie Ihrem Hund seine Decke mit, wenn Sie in ein Gasthaus gehen. Dann wird er sich gern hinlegen und auf dem Fußboden nicht auskühlen.

Angst oder Aggression beim Junghund – wie reagieren?

In diesem Abschnitt möchte ich auf einen Lebensabschnitt eines jeden Hundes eingehen, der bemerkenswerterweise für sehr viele Missverständnisse zwischen Hund und Mensch sorgt, obwohl er eigentlich bei den höheren Säugetierarten zur völlig normalen Entwicklung im Leben gehört: die Pubertät, eine »Reifephase« der Persönlichkeit.
Wie beim Menschen auch, setzt ab einem gewissen Alter die Pubertät beim Hund ein. Individuell und nach Rassezugehörigkeit verschieden, beginnt diese ungefähr ab dem siebten Lebensmonat und zieht sich über ungefähr sechs bis acht Wochen hin.
Es gibt sichere Anzeichen für die Pubertät:

- Bei der Hündin setzt die erste Läufigkeit ein, die einen zusätzlichen hormonellen Stress mit sich bringt.
- Beim Rüden kommt es in dieser Phase zum ersten Beinheben, und auch das Interesse an läufigen Hündinnen fällt in diese Zeit. Auch dies sind Anzeichen hormoneller Veränderungen.

Zu diesen körperlichen Veränderungen gesellt sich ein verändertes Verhalten, das auf den Hund selbst sehr verstörend wirkt.

82

Legt sich Ihr Hund beim Hörzeichen »Sitz« hin, bringen Sie ihn durch einen kurzen Ruck am Halsband wieder in sitzende Stellung. Wiederholen Sie »Sitz!«, und loben Sie ihn sofort, wenn er sitzen bleibt.

Zart wie eine Mimose

Vierbeiner, die bis zu ihrer Rudelordnungsphase regelrechte Haudegen waren und problemlos alle äußeren Einflüsse weggesteckt haben, sind fast von einem auf den andern Tag sehr empfindsam und ungewöhnlich sensibel, manchmal richtig ängstlich.
Plötzlich wird eine Plastiktüte, die der Wind über die Straße weht, als Bedrohung angesehen. Stege oder Brücken, die dem Hund im Welpenalter egal waren, verunsichern ihn auf einmal zutiefst.
Bei überschwänglicher Freude beginnt der eine oder andere Junghund, einige Tropfen Urin abzusetzen, obwohl er dies vielleicht vorher nie getan hat. Schelten Sie ihn nicht, das kann dieses Verhalten eher noch verstärken. Warten Sie ab, bis die Sturm- und Drangphase vorüber ist – dann hört dies von selbst wieder auf.

Wichtig In der Pubertät steckt Ihr Hund Schelte teilweise schlechter weg als noch vor wenigen Wochen. Sie kann zu einem kurzen, instinktiven »Angstpiseln« führen, das aber nach dieser Phase wieder aufhört.

83

Geben Sie Ihrer Hündin während ihrer Läufigkeit täglich einen Löffel Apfelessig ins Futter. Ihre Geruchsintensität für Rüden lässt etwas nach, und die Rüden werden sie weniger belästigen.

Parallel dazu sind die Vierbeiner in ihrer häuslichen Umgebung nichtsdestotrotz weiterhin frech und richtige Flegel. Eine in Sachen Hundeerziehung sehr bewanderte Freundin brachte dieses Verhalten mit einem Satz auf den Punkt: »Sie sind wie pubertierende Menschen: ordentlich austeilen, aber nichts einstecken!«

Viele Hundebesitzer kommen mit der plötzlichen Wesensänderung ihres Hundes während dieser Zeit nicht zurecht, was das Verhältnis zwischen beiden und zwischen dem Hund und seiner Umwelt gehörig ins Wanken bringt. Viele wissen nämlich gar nicht, dass eine solche Phase beim Hund überhaupt existiert und wie man trotzdem durch richtiges Verhalten die positive Seite in der Entwicklung des Vierbeiners beibehalten kann. Verständnis hilft auch hier weiter.

Zwischen Mitleid und Zorn

Fahren Sie während der Läufigkeit Ihrer Hündin vom Haus weg, und beginnen Sie Ihren Spaziergang von einem Wanderparkplatz aus. Dann kann kein streunender Rüde Ihre Hündin bis zu Ihrem Haus verfolgen.

Beginnen wir bei der Gruppe von Herrchen und Frauchen, die ihren Hund sehr lieben, von seiner unbefangenen Art sehr angetan waren, und die nun etwas überrascht gewisse Unsicherheiten bei ihrem jungen Vierbeiner feststellen. Meist fühlen sich die Hundehalter dadurch selbst etwas verunsichert.

Die erste Reaktion ist eine Mischung aus Mitleid und einer Art Beschützerinstinkt. Dabei wollen sie den ängstlichen Vierbeiner – nach menschlichen Maßstäben gemessen – über seinen Schreck und seine Angst hinwegtrösten. Er wird gestreichelt, in den Arm genommen und meist mit denselben Worten angesprochen, mit welchen gemeinhin kleine Kinder nach ihrem Sturz vom Dreirad über ihren Schmerz und ihren Schreck hinweggetröstet werden. Damit aber wird der junge Hund nur noch mehr verunsichert, denn er versteht ja den Inhalt der Worte nicht. Er stellt zu seinem erneuten Schrecken fest, dass er für sein ängstliches Verhalten sogar noch gelobt wird! Durch sein Verhalten bestätigt ihm sein Mensch, dass es da wohl tatsächlich einen Grund zum Fürchten geben muss. Bei der nächsten Gelegenheit wird der Hund genau das gleiche Verhalten, für das er dieses Mal gelobt worden ist, wieder zeigen. Und sein Besitzer wird seinen jungen Hund zu Unrecht als Angsthasen betrachten. Die zweite Gruppe von Hundebesitzern steht den Unsicherheiten ihres heranwachsenden Hundes ebenso verständnislos gegenüber. Aber statt in Mitgefühl für ihren verschreckten Vierbeiner auszubrechen, ärgern sie sich maßlos über ihn, und nicht selten verlieren sie die Beherrschung. Sie schleifen den sich sperrenden Hund einfach an der Quelle seiner Ängste vorbei, egal ob dies eine Papiertüte oder ein Rasenmäher ist, schlagen ihn oder teilen sonstige Grobheiten an ihren Hund aus. Der Hund hat überhaupt keine Chance, irgendetwas zu verstehen. Der Druck, der von seinem wütenden Besitzer ausgeht, verstärkt seinen Stress. Er lässt ihm die Situation noch bedrohlicher erscheinen, als sie es ohnehin schon war. Mit dem fatalen Effekt, dass der Hund bei der nächsten Situation Angst vor dem Unbekannten und vor seinem Besitzer hat und seine Furcht statt zu weichen immer größer wird!

Wer dem Hund gegenüber die Beherrschung verliert, sinkt in seiner Achtung. Dies gilt nicht für gezieltes, wohl überlegtes Strafen im Moment eines Verhaltensverstoßes.

Dieser Hund versucht, eine Situation zu meiden, die ihm Angst macht. Sie sollten einen solchen Hund nicht weiterzerren, sondern ruhig an das Objekt seiner Angst herangehen und dem Objekt damit seine vermeintliche Gefährlichkeit nehmen.

84

Schlagen Sie Ihren Hund nie! Er versteht nur »Packen-und-Kneifen« oder »Zu-Boden-Drücken«. Durch Schlagen wird Ihr Hund nur handscheu.

Es ist besonders bei großen Hunderassen verantwortungslos, einen Hund gegen seine Umwelt aufzuhetzen. Durch ihre bloße Größe können sie erhebliche Schäden anrichten.

Die schlimmsten Hundehalter aber sind jene, die versuchen, ihrem Hund die Angst dadurch zu nehmen, dass sie ihn gegen die vermeintliche Gefahrenquelle aufhetzen. Natürlich verschafft das Umschalten des Hundes in den so genannten Wehrtrieb diesem erst einmal Erleichterung. Die Angst wird durch aggressives Verhalten verdeckt. Jeder normale, ausgewachsene Hund mit einem ausgeglichenen Wesen und einer guten Sozialisierung verfügt über diese Methode der Konfliktbewältigung. Er setzt sie aber im Normalfall wirklich nur in extremen Grenzsituationen ein. Eine solche Situation wäre zum Beispiel, wenn ein anderer, fremder Hund dem Ihren begegnet und - trotz aller friedlichen Signale Ihres Vierbeiners – ihn gezielt aggressiv anspringt. Vielleicht wird er durch Wegdrehen des Körpers und eine warnend hochgestellte Rute versuchen, den anderen allein durch dieses Imponieren zu einer weniger aggressiven Haltung zu bewegen. Sollte auch dies nicht gelingen, wird selbst der gutmütigste und ausgeglichenste Hund in diesem Moment beginnen, sich zu wehren. Sowie er aber feststellt, dass der Angreifer in seinen Attacken nachlässt, wird auch er bereit sein, den Kampf zu beenden. Ein junger Hund aber, der noch nicht in seinen Wesenseigenschaften gefestigt ist und der noch über wenig Lebenserfahrung verfügt, benötigt in seiner Entwicklung ganz genaue Anhaltspunkte. Wird er nachhaltig zur Aggression aufgefordert, sind Beißunfälle vorprogrammiert. Unverantwortlich ist dies bei Hunden aus bestimmten Rassen. Hierzu gehören vor allem die so genannten »Kampfhunde«, die – haben sie einmal durch falsche Erziehung ihre Beißhemmung verloren – sehr gefährlich werden können

Wichtig Helfen Sie Ihrem Hund mit Verständnis über seine Angst hinweg. Wenn Sie die falschen Mittel wählen, wird er ein völlig verschobenes Bild von seiner Umwelt erhalten. Er wird auf alles, was ihm unbekannt ist oder was ihm »nicht in den Kram passt«, mit Aggression reagieren. Solche Hunde können zu einer richtigen Gefahr werden, vor allem, wenn sie sensibel veranlagt sind und durch solche Fehlverknüpfungen zum Angstbeißen neigen.

Richtig auf Ängste reagieren

Schauen wir einmal mehr einem sicheren, unbefangenen Althund zu, der einen jungen Vierbeiner an seiner Seite hat. Nehmen wir einmal an, bei einem Spaziergang knallt es plötzlich irgendwo laut, und der junge Hund erschrickt. Den alten Hund dagegen kümmert das Geräusch nicht, er weiß, dass die Welt so etwas mit sich bringen kann. Er trabt weiter seiner Wege, schnüffelt ohne Reaktion auf den Knall herum und ist überhaupt nicht beeindruckt.

Der junge Hund aber stutzt, er kennt das Geräusch nicht. Sein nächster Blick gilt dem Althund: Was tut der? Reagiert er auf das Geräusch? Gibt es einen Grund zur Vorsicht? Der aber zeigt überhaupt keine Reaktion. Für den Junghund ist dies das sicherste Zeichen, dass auch für ihn selbst überhaupt kein Grund zur Sorge besteht.

Wenig später verhält sich der junge Hund wieder genauso sicher wie vor dem Zwischenfall. Den nächsten Knall wird er schon gar nicht mehr so ernst nehmen.

Oder nehmen wir die umherfliegende Papiertüte. Der Junghund sieht und hört die raschelnde, aufgeblähte Tüte im Wind flattern. Sie ist fremd, Anlass zur Furcht. Wahrscheinlich wird er beginnen, sie in sicherem Abstand anzubellen, jederzeit bereit, so schnell wie möglich davonzurasen, falls ihn dieses unbekannte Ding angreift.

Der Althund wird aufmerksam, er will wissen, warum sein junger, unerfahrener Gefährte bellt. Er marschiert unbeeindruckt zu der – ihm aus vielen Situationen bekannten – Tüte und beschnüffelt sie. In seinem Windschatten traut sich der junge Hund nun auch näher an das Furcht erregende Ding, gestärkt von der Selbstsicherheit des älteren Hundes. Sobald er die Tüte im Schutz seines älteren Kollegen aber ebenfalls beschnüffelt hat und feststellen muss, dass davon absolut nichts Gefährliches ausgeht, ist die Sache auch für ihn schlagartig erledigt. Bei seinen nächsten Begegnungen wird er derartige Dinge mit mehr Selbstvertrauen untersuchen. Und zum Flüchten besteht erst recht kein Grund. Wie anders als der sichere Althund reagiert doch der Mensch! Dabei ist es eigentlich ganz leicht, Ihrem Hund Vertrauen zu vermitteln und ihn in seiner Selbstsicherheit zu bestärken.

Ein selbstbewusster Hund fühlt sich nicht allzu schnell bedroht. Schwache Hunde sind ängstlicher. Sie reagieren eher unberechenbar und beißen möglicherweise aus nichtigem Anlass zu.

Achtung Es ist eigentlich sehr einfach, Ihrem Junghund Sicherheit mit auf den Weg zu geben: Seien Sie selbst sicher! Zeigen Sie ihm durch Ihr eigenes Verhalten, dass Sie keinen Anlass zur Furcht sehen.

Geben Sie schon Ihrem Welpen Gelegenheit, Umweltreizen wie Windrädchen, flatternder Wäsche oder klappernden Blechdosen zu begegnen.

Übersehen Sie kleine Unsicherheiten Ihres Hundes. Er wird sich nämlich in Ermangelung eines vierbeinigen Erziehers immer an Ihnen orientieren und Sie genau beobachten. Alles, worauf Sie negativ reagieren, und sei es nur aus Befürchtungen um Ihren Hund heraus, wird für Ihren Hund auch ein Grund sein, sich zu fürchten. Reagieren Sie jedoch nicht auf den äußeren Einfluss, sondern bleiben gelassen und entspannt oder fahren in Ihrer begonnenen Tätigkeit ungerührt fort, wird ihm ohne viele Worte klar, dass es keinen Anlass zur Furcht gibt. Reagiert er auf eine unbekannte Belastung mit Fluchtverhalten oder Anbellen unter Einhaltung eines Sicherheitsabstandes, bleiben Sie ebenfalls ganz gelassen. Sagen Sie lachend: »Du Angsthase! Es gibt keinen Grund, sich zu fürchten!« Gehen Sie dann geradewegs auf das Objekt seiner Furcht zu und fassen Sie es entschlossen an.

Junge Hunde, die sich vor Unbekanntem fürchten, bellen es aus Furcht oft an.

Ihr Hund wird sich gemeinsam mit Ihnen ebenfalls hinwagen und kann den unbekannten Gegenstand beschnüffeln. Sobald er merkt, dass kein Grund zur Besorgnis vorliegt, wird er sich wieder vollkommen normal und selbstsicher verhalten.

Extratipp Bellt Ihr Junghund aus Unsicherheit einen Menschen an, ist es ganz besonders wichtig, richtig zu reagieren. Rucken Sie kurz an der Leine, sagen Sie laut »Nein!« und geben Sie ihm sofort eine Aufgabe. Gehen Sie ein Stück »Bei-Fuß« mit ihm. Verlangen Sie seine Aufmerksamkeit, so, wie er es gelernt hat. Dann setzt sich nach und nach das erwünschte Verhalten fest.

Sie können auch seinen Ball oder sein Lieblingsspielzeug nehmen und eine Runde mit ihm spielen. Es ist wirklich wichtig, dass Sie Ihren Hund davon abbringen, Menschen von vornherein als mögliche Gefahrenquelle anzusehen.

Ein erwachsener Hund mit einem gesunden Charakter kann jederzeit zwischen einer normalen und einer wirklichen Gefahrensituation unterscheiden. Lassen Sie ihm aber während seiner Pubertät die trügerische Stärke, dass er alle fremden Menschen bedrohen darf, dann setzt sich dieses Verhalten fest und macht ihn zu einem aggressiven und potenziell gefährlichen Hund, solange er lebt.

Sobald Ihr Junghund auf seinen ersten Geburtstag zugeht, lassen all diese Unsicherheiten nach. Auch das Pinkeln vor Freude oder wenn Sie etwas lauter werden, verschwindet zwischen dem zehnten und zwölften Lebensmonat wieder. Hierfür sollte Ihr Hund in diesem Alter auch niemals bestraft werden, da eine Strafe dieses Verhalten nur noch verstärkt. Beseitigen Sie die Urintropfen wortlos. Um so schneller verschwindet das Tröpfeln ganz von selbst wieder. Auch wenn Sie es vielleicht nicht glauben: Hundeerziehung ist kein Kapitel mit sieben Siegeln, sondern eine ganz natürliche Angelegenheit. Aber sie setzt viel Einfühlungsvermögen für den kleinen Hund voraus. Dieses aufzubringen fällt Ihnen leichter, wenn Sie so viel wie möglich über Ihren Hund und seine ererbten Verhaltensweisen wissen.

85

Möchten Sie einen zweiten Hund anschaffen? Dann sollte Ihr erster Hund zwischen fünf und acht Jahre alt sein. In diesem Alter braucht er keine Erziehung mehr – er hat sie bereits. Und er kann alles, was er gelernt hat, an einen jungen Hund weitergeben.

Erst nach langem, konsequentem Training gehen Ihre Hunde mühelos an der Leine.

Ziehen Sie Ihren Welpen das letzte Stück nicht am Halsband zu sich heran, wenn er auf sie zuläuft. Er empfindet dies als unangenehm, und er wird das nächste Mal lieber Abstand zu Ihnen halten.

Noch Fragen?

Während meiner langjährigen Tätigkeit als Leiterin von Welpenspielstunden sowie als Ausbilderin in Begleithundekursen sind viele Menschen mit ihren Alltagsproblemen im Umgang mit ihrem Hund ratsuchend auf mich zugekommen. Um Ihnen Anregungen aus der Praxis zu geben, habe ich zum Abschluss einige dieser Fragen zusammengetragen. Sie spiegeln die Sorgen, die die Mehrheit aller frisch gebackenen Welpen- bzw. Hundebesitzer hauptsächlich bedrücken. Diese Fragen wurden zum Teil innerhalb der vorangegangenen Kapitel aufgegriffen. Aber oft zeigt ja erst ein Blick auf tatsächliche Alltagsprobleme, was im Einzelnen alles geschehen kann. Die nachfolgenden Antworten werden Ihnen helfen, richtig zu reagieren, denn Ihr Welpe wird Sie mit Sicherheit dem einen oder anderen der angesprochenen Probleme aussetzen!

Unser Hund lässt sich nicht anleinen!

Beim Schmusen haben Sie natürlich nichts falsch gemacht, allem Anschein nach aber beim Anleinen. Sehr vielen Welpenbesitzern ergeht es ähnlich. Am Anfang lässt sich der kleine Hund noch relativ problemlos anleinen, aber irgendwann nach wenigen Wochen oder gar Tagen versucht er plötzlich, sich diesem Vorgang zu entziehen.

Was tun? *Unser zwölf Wochen alter Border Collie ist ein sehr anhänglicher und verschmuster Kerl. Zu Hause ist er immer überglücklich, wenn einer von uns mit ihm ausgiebig knuddelt. Aber irgendetwas müssen wir falsch gemacht haben. Immer dann, wenn wir ihn nach seinem Spaziergang anleinen wollen, versucht er zu entwischen. Er lässt sich dann furchtbar ungern anfassen. Wenn wir ihn endlich einholen, ist er ganz ängstlich und klemmt den Schwanz ein. Was können wir tun?*

Dieses Meideverhalten rührt erfahrungsgemäß ganz einfach daher, dass das Festmachen der Leine am Halsband für den kleinen Vierbeiner mit recht unangenehmen, vielleicht sogar schmerzhaften Empfindungen verbunden war. Bedenken Sie, wie klein so ein Welpenhals ist und wie schwierig es manchmal ist, den Karabinerhaken der Leine in den einzigen, winzigen Ring am Halsband hineinzubekommen. Bei haarigen Welpen ist dies noch schwieriger als bei Hunden mit kurzem, glattem Fell. Zudem hält kaum ein Welpe richtig still. Oft sind mehrere Anläufe nötig, bis die Leine eingeklinkt ist. Jeder Versuch ist auf's Neue unangenehm. Besonders im Winter, wenn Sie beim Spazierengehen Handschuhe tragen oder klamme, steife Finger haben, funktioniert die Sache schon gar nicht. Oft reicht ein Fehlversuch, und der Welpe wird dieser Prozedur möglichst aus dem Weg gehen. Er verknüpft nach einer solchen Erfahrung mit dem Heranrufen nämlich immer unangenehme Handgriffe in seinem Nacken. Folgerichtig verdrückt er sich. Auch wenn es vielleicht beim Anleinen selbst etwas an den Haaren ziept oder die Bewegungsfreiheit des Welpen durch das Festhalten eingeschränkt ist: Nur wenn der ganze Vorgang für den Hund trotzdem sehr angenehm endet, wird er auch beim nächsten Mal willig zu Ihnen kommen, wenn Sie ihn anleinen wollen. Da lohnt sich jede Mühe. Es hat sich auch als vorteilhaft erwiesen, während der Welpenzeit des Hundes eine Leine mit einem so genannten Zangenkarabiner zu benutzen, der sich leichter in einen einzelnen Ring einhaken lässt als der Bolzenkarabiner.

Sie sollten auch darauf achten, dass die Leine samt Karabiner Ihrem Welpen nicht zu schwer ist, sondern dem Gewicht und den Kräften Ihres kleinen Hundes angemessen ist. Kaufen Sie sich lieber nach der Welpenzeit eine zweite Leine mit einem größeren Karabiner, den Ihr Hund dann auch mühelos tragen kann.

86

Wenn Ihr Welpe vor dem Anleinen Abstand hält, sagen Sie ruhig »Sitz!« Loben Sie ihn dann, reichen Sie ihm ruhig ein Leckerchen, und fassen Sie ohne Hast und ohne zu ziehen nach dem Halsband.

Extratipp Schließen Sie das Anleinen Ihres Hundes immer mit einem positiven Eindruck ab. Loben Sie Ihren Welpen ausgiebig, wenn er nach dem Heranrufen bei Ihnen eintrifft, leinen Sie ihn an, und loben Sie ihn sofort danach nochmals ausgiebig!

Gibt es Welpenschutz?

Welpen genießen im Normalfall bis zu einem Alter von etwa sechs Monaten Welpenschutz. Allerdings muss man wissen, dass sich Rüden und Hündinnen in ihrem Verhalten voneinander unterscheiden.

Was tun? *Ich habe gehört, dass Welpen in ihren ersten sechs Monaten bei erwachsenen Hunden Welpenschutz genießen und dass diese ihnen nichts tun. Meine kleine Rottweilerhündin ist jetzt sechzehn Wochen alt. Muss ich also Angst vor fremden, großen Hunden haben, denen wir beim Spazierengehen begegnen? Kürzlich nämlich traf ich ein Ehepaar mit einer vier Jahre alten Kuvasz-Hündin. Mein Welpe lief auf die große Hündin zu und wurde sofort attackiert. Zum Glück war die Hündin an der Leine, so dass meinem Hund nichts passiert ist. Warum hat hier der Welpenschutz nicht gewirkt?*

Junge Rüden sind oft grob und unerfahren. Sie möchten Welpen sicher nicht einschüchtern. Wenn sie es dennoch tun, sollten Sie das Spiel zwischen den beiden abbrechen.

Vor allem erwachsene Rüden sind außerordentlich liebenswürdig und vorsichtig mit derart kleinen Hunden. Wenn sie ihnen zu sehr auf die Nerven gehen, trotten sie lieber davon, als dass sie im Extremfall knurren. Man erklärt sich dieses Verhalten damit, dass ein Rüde normalerweise ja nie wissen kann, ob der Welpe, der gerade vor seiner Nase herumstolpert, von ihm abstammt oder nicht – Rassezugehörigkeit zählt für ihn in diesem Falle nicht. Deshalb ist er auf Verdacht lieber freundlich zu diesem potenziellen Sprössling. Ganz anders dagegen Hündinnen. Relativ häufig verhalten diese sich sehr ablehnend gegenüber fremden Welpen. Ihre Abwehr reicht von Missachtung bis hin zum gezielten Totbeißen. Im Gegensatz zu einem Rüden weiß die Hündin nämlich ganz genau, ob sie Welpen hatte oder nicht. Sie würde ihre eigenen Welpen immer am Geruch erkennen. Fremde Welpen dagegen sind Konkurrenten im Daseinskampf. Deshalb ist es auch so schwierig, einer säugenden Hündin fremde, gleichaltrige Welpen, die aus irgendeinem Grund ihre eigene Mutter verloren haben, unterzuschieben. In vielen Fällen werden sie kurzerhand totgebissen.

87

Nicht alle Rüden sind gutmütig gegenüber jungen Hunden! Meist liegt dann ein Fehler in der Erziehung vor. Der Rüde hat im ersten Lebensjahr nicht genügend Erfahrungen mit anderen Hunden gesammelt und sein Sozialverhalten nicht entwickelt.

Achtung Verlassen Sie sich nicht auf den Welpenschutz Ihres Welpen. Lassen Sie ihn nicht blauäugig auf jeden erwachsenen Hund zulaufen, denn das Gegenüber könnte ja auch selbst als junger Hund schlechte Erfahrungen mit Artgenossen gemacht haben und genau das, was er so schmerzvoll gelernt hat, an Ihren Welpen weitergeben.

Hilfe, unser Hund nagt!

Leider vergucken sich Welpen innerhalb der Wohnung immer wieder in Dinge, die eigentlich für sie tabu sein sollten: Zu einer meiner Welpenspielstunden sollten die Besitzer der kleinen Hunde das Lieblingsspielzeug ihres Welpen von daheim mitbringen. Daraufhin bemerkte das Frauchen einer Labrador-Hündin trocken, das könne sie nicht, denn sonst müsse sie ihre Sofagarnitur einpacken ...!

Was tun? *Mein drei Monate alter Cocker-Welpe nagt ständig am Türrahmen herum. Obwohl er viele Spielsachen hat, vergreift er sich immer wieder daran. Was kann ich dagegen tun?*

Beginnt sich eine Gewohnheit einzuschleifen, weil sich Ihr Welpe in irgendetwas aus Ihrer Wohnungseinrichtung verliebt hat, dann sollten Sie seinem Nagen zuerst erzieherisch begegnen. Achten Sie darauf, dass Sie ihn im Moment seiner Tat erwischen, sagen Sie laut »Pfui!«, und packen Sie ihn im Nacken. Drücken Sie ihn ganz kurz zu Boden. Sofort wird er sich verziehen.

Packen Sie den Hund im Nacken, und drücken Sie ihn ganz kurz zu Boden. Genauso straft die Mutterhündin ihre Welpen, wenn sie zu frech werden. Die erwachsenen Tiere gehen dabei wenig zimperlich vor, da sie instinktiv wissen, dass die Strafe nachhaltig sein soll und die Frechdachse beeindruckt werden müssen.

Extratipp Begehen Sie nicht den Fehler, Ihrem Hund zum Tausch einen Kauknochen für den Türrahmen anzubieten! Er wird dies als Belohnung für seine Sägespäneproduktion halten und sie noch verstärken.

Haben Sie ihn aber mit »Pfui!« für sein momentanes Tun bestraft und er hat sich zum Beispiel in sein Körbchen geflüchtet, können Sie ihm dort einen Kauknochen geben. Sie belohnen ihn dann dafür, dass er sich brav auf seinem Platz aufhält, und so kann er dennoch seinem Nagebedürfnis nachgeben. Hat Ihr Welpe Gelegenheit, sich heimlich hinter den Türpfosten zu machen, weil Sie ihn für kurze Zeit alleine lassen mussten, und Sie entdecken später lediglich das Resultat, schimpfen Sie bitte nicht mit ihm. Er versteht den Zusammenhang nicht mehr. Achten Sie einfach darauf, dass sich Ihr Hund in einem anderen Zimmer aufhält, wenn Sie fortgehen, und schließen Sie die Tür zu jenem Raum, in dem sich der auserkorene Pfeiler befindet.

Geben Sie Ihrem Hund nach jeder Mahlzeit einen Kauknochen. Die Beschäftigung mit ihm reinigt die Zähne und beugt Zahnstein, Karies und Zahnfleischproblemen vor.

Extratipp Falls sich Ihr Welpe gar nicht von einem Gegenstand abbringen lässt, dann sollten Sie diesen vor Ihrem Weggehen mit etwas Übelschmeckendem einsprühen: Sehr bewährt hat sich Haarspray. Keine Angst, Ihr Welpe wird sich von einem kurzen Kontakt damit bestimmt keine Vergiftung holen! Nach dem ersten Zusammentreffen seiner Zunge mit dem brennenden Stoff wird er sich lieber auf ein anderes Spielzeug besinnen.

In guten Hundezubehörfachgeschäften gibt es entsprechende Sprays. Sie wirken schonend auf die Wohnungseinrichtung, schmecken Hunden beim Belecken oder Knabbern aber so ekelhaft, dass sie mit dem Nagen aufhören. Nach dem Zahnwechsel wird das Bedürfnis des Welpen nach abnagbaren Gegenständen nachlassen. Ganz gefeit sind Sie im ersten Lebensjahr Ihres Hundes nicht davor. Aber spätestens, wenn er erwachsen wird, ist diese Phase ausgestanden.

88

Wenn Sie Ihren Welpen zur Strafe am Nacken packen, reicht ein kurzer Ruck. Oder Sie drücken ihn zu Boden. Schütteln Sie ihn keinesfalls. Hunde tun dies mit totem Fleisch – Ihr Hund wird fälschlich meinen, Sie wollten ihn töten.

Darf der Hund ins Bett?

Hunde lieben es, mit ihrer Familie – sprich: ihrem Rudel – auf Kontakt zu liegen, ganz besonders als Welpen. In fast allen Fällen beginnen solche Übergriffe von kleinen Hunden erst nach einem gewaltigen, folgenreichen Erziehungsfehler ihres Besitzers.

Was tun? *Helfen Sie mir, mein Berner-Sennen-Mischlings-Welpe will ständig zu uns ins Bett! Wie rette ich meine Nachtruhe?*

Wenn der erst acht Wochen alte Welpe endlich abgeholt wird, ist er in den ersten Tagen in seinem neuen Zuhause meist etwas traurig. Die Umstellung und die Trennung von seinen Geschwistern und seiner Mutter fallen ihm schwer. Vor lauter Mitleid mit dem unglücklichen kleinen Kerl wird er von seinem neuen Besitzer eben mit auf die Couch, auf den Schoß oder aber ins Bett genommen.
Meist stellen sich die Hundehalter vor, dass dies Ausnahmen bleiben werden, die sich auf das Welpenalter beschränken sollen. Für den Hund dagegen bedeutet diese Ausnahme einen neuen Erfahrungswert. Er kennt kein »ausnahmsweise«, sondern seine Welt teilt sich auf in Ja und Nein. Es gibt Dinge, die man immer darf, und es gibt solche Dinge, die verboten sind. Erlauben Sie ihm also auch nur einmal, mit Ihnen in Ihr Bett zu gehen, wird er dies als sein gutes Recht ansehen. Ihn dann wieder zu korrigieren bedeutet für Sie und Ihren

Bedenken Sie, dass für Hunde das Schlafen oder Ruhen auf gleicher Höhe mit dem Menschen bedeutet: Wer den erhöhten Liegeplatz benutzen darf, hat eine höhere Stellung als derjenige, der weiter unten liegt.

Lassen Sie Ihren Hund einmal bei Ihnen im Bett schlafen, wird er immer darauf bestehen!

Hund viel mehr Unannehmlichkeiten, als wenn Sie den Welpen von Anfang an erst gar nicht mit dem Bett bekannt gemacht hätten. Denn bedenken Sie: Vertreter von kleinen Hunderassen kann man vielleicht akzeptieren – abgesehen vielleicht von den Hundehaaren ... Bei größeren Rassen wird es schwierig. Hat Ihr Neufundländer-Welpe noch wunderbar Platz gefunden, so werden Sie nach einem Jahr unter Garantie ein zweites Bett kaufen müssen oder aber gemeinsam mit Ihrem Hund einen schwierigen Entwöhnungsprozess durchmachen.

Denken Sie also bitte daran, wenn Sie Ihren süßen kleinen Welpen auf dem Arm halten, wie groß er einmal werden wird.

89

Hunde entwickeln kein logisches Verständnis. »Manchmal« kommt in ihrem Denken nicht vor. Setzen Sie deshalb Ihren Willen immer konsequent durch, auch zum Wohle des Hundes.

Extratipp Legen Sie das Schlaffell oder stellen Sie das Körbchen Ihres Hundes neben die Couch oder Ihr Bett. So können Sie Ihren kleinen Hund genauso gut kraulen, und dieser kommt nicht auf die Idee, ins Bett zu kriechen.

Gegen Dominanz angehen?

Dominante Exemplare gibt es in jeder Rasse oder Nichtrasse. Dabei sind diese Hunde nicht wirklich böse, sondern ganz einfach extrem durchsetzungsfähig und selbstbewusst. Bei richtiger Behandlung aber sind sie genauso umgängliche und zuverlässige Familienmitglieder wie andere, durchschnittlich veranlagte Hunde auch. Achten Sie schon bei der Auswahl des Welpen darauf, nicht gerade den Kopfhund, also

Räumen Sie flauschige Bettvorleger aus dem Schlafzimmer. So wird sich Ihr Hund weniger aufgerufen fühlen, sich dort zum Schlaf einzunisten und sein Körbchen zu verschmähen.

Was tun? *Unser junger Schäferhund ist mit seinen sieben Monaten ein richtiger Dominanzbrocken. Er führt sich ständig auf wie ein Macho und setzt sich auch über mich hinweg, wenn ich etwas von ihm verlange. Er ist bis jetzt sehr lieb, aber wenn er sich weiterhin so entwickelt, habe ich Angst, dass er mich irgendwann anknurrt oder noch etwas Schlimmeres geschieht.*

den Anführer, auszuwählen. Solche Hunde gehören am besten in erfahrene Hände. Ein weniger starker Welpe aus einem Wurf ist mit Sicherheit problemloser und umgänglicher und insbesondere für eine Familie besser geeignet. Auch wenn er noch so klein ist und durch seinen Anblick Ihre Fürsorge weckt, sollten Sie einem dominant veranlagten Welpen von Anfang an die Rangordnung in seiner neuen Familie begreiflich machen. Dabei müssen wir gegen typische Verhaltensmuster angehen. Bei uns Menschen wird normalerweise dem Schwächsten in allem der Vortritt gelassen, damit er auch zum Zuge kommt.

Wichtig Haben Sie einen kleinen Macho erwischt, sollten Sie ihm von Anfang an zeigen, was er darf und was verboten ist. Bleiben Sie dabei stets konsequent. Ausnahmen versteht ein Hund entweder als Aufforderung zur Wiederholung oder als Zeichen der Schwäche.

Nicht so bei den Caniden. Der Rangniedrigste kommt ganz zuletzt. Der Chef geht als Erster zur Tür hinaus, der Chef (fr)isst als Erster, der Chef bestimmt, wann und wohin gegangen wird, der Chef beendet eine Balgerei, der Chef allein hat das Recht, auf der Couch zu sitzen. Alle Spielsachen, auch die des Hundes, gehören dem Ranghöheren. Sie sehen, durch die Einhaltung einer solchen Rangordnung wird Ihrem Welpen schnell klar, wo sich seine Stellung in seiner Familie befindet:

- Fällt die Fütterungszeit Ihres Hundes mit der Ihrer Mahlzeit zusammen, dann füttern Sie ihn erst nach dem Essen. Ignorieren Sie sein eventuelles anfängliches Gebettel, er wird rasch bemerken, dass für ihn trotz seiner Bemühungen nichts vom Tisch abfällt.
- Achten Sie darauf, dass er an der Tür wartet, bis Sie als Erster durchgegangen sind. Verlangen Sie ein »Sitz« von ihm, und entlassen Sie ihn erst daraus, wenn Sie ohne irgendwelche Attacken durch den Hund die Tür öffnen konnten. Vergessen Sie nicht, ihn dafür zu loben!
- Lassen Sie Ihr Dominanzbündel nicht auf einer Höhe mit Ihnen schlafen. Er fühlt sich Ihnen sonst erst recht ebenbürtig. Bei der nächsten sich bietenden Gelegenheit wird er seine Grenzen ausloten.

Einen durchsetzungsfähigen Vierbeiner erkennen hundeerfahrene Leute bereits im Alter von wenigen Wochen.

Was tun bei Spielaggressionen?

Viele Hunde mit einer gehörigen Portion Temperament verlieren beim Toben schnell mal den Boden unter den Füßen. Das heißt, das friedliche Balgen des Hundes geht fließend in eine »überschäumende Spielaggression« über.

Was tun? *Wenn ich mit meiner Pudelin Conchita spiele, kann sie sich so ins Toben hineinsteigern, dass ich sie beinahe nicht mehr bremsen kann. Sie wird dann sehr grob und zwickt mich so sehr, dass ich blaue Flecken bekomme. Ist das normal?*

90

Geben Sie unverbesserlichen Bettlern bei Tisch eine Zitrone, Zwiebel oder Peperoni. Deren Geschmack ist so unangenehm, dass die meisten Hunde daraufhin ihr Betteln aufgeben.

Brechen Sie das Spiel sofort ab, wenn Ihr Hund aggressiv wird! Sie – als Leithund – bestimmen ganz allein, wann ein Spiel beendet wird. Dies ist sehr wichtig, um Ihre übergeordnete Stellung zu halten und zu festigen. Weichen Sie nie von dieser Regel ab.
Wenn Ihr Hund nicht aufhören will und Sie wie verrückt durch Zuschnappen zum Weiterspielen auffordert, ja Sie regelrecht durch seine Attacken dazu zwingen will, nehmen Sie ihn am Nacken, drücken Sie ihn zu Boden und sagen Sie laut und deutlich: «Nein!«.
Sollte auch das nicht wirken und Ihr Hund immer noch weiterspielen will, nehmen Sie ihn und befördern Sie ihn in einen anderen Raum, zu welchem Sie die Tür schließen. Spätestens jetzt wird Ihr Hund bemerken, dass das Spiel schon lange beendet ist, und zwar von Ihrer Seite aus.

Kann man nächtliches Heulen stoppen?

Welpen fühlen sich am Anfang in ihrem neuen, ungewohnten Zuhause sehr einsam und suchen möglichst oft die Nähe ihres neuen Besitzers. Vor allem nachts plagt viele das Heimweh. Stellen Sie das Körbchen Ihres Welpen einfach in den ersten Nächten neben Ihr Bett. Er fühlt sich dadurch gleich weniger einsam, und die Gefahr,

Was tun? *In zwei Wochen hole ich meinen langersehnten Welpen ab, einen Golden Retriever. Nun habe ich von Bekannten gehört, dass die Nächte mit ihrem Hund in den ersten Wochen ein Alptraum waren. Ich habe meinem Hund ein Körbchen im Flur eingerichtet, mein Schlafzimmer liegt allerdings auf der entgegengesetzten Seite der Wohnung. Was tue ich, wenn er nachts heult?*

dass er jault, ist gering. Gleichzeitig hat dies den Vorteil, dass Sie ihn fast sicher hören, wenn er unruhig wird und sich lösen muss.
Hat er sich dann nach einigen Tagen gut eingelebt, schieben Sie sein Körbchen nachts einfach vor Ihre Schlafzimmertür, lassen diese aber einen Spalt offen. Vielleicht kommt der Welpe zu Ihnen ins Zimmer und legt sich auf den Fußboden. Irgendwann in der Nacht wird er aber wieder in sein bekanntes und gemütliches Körbchen umziehen. So können Sie seinen Korb Stück für Stück dorthin rücken, wo Ihr Hund später seinen ständigen Schlafplatz haben soll.

Legen Sie Ihrem Welpen in den ersten Tagen und Nächten einen tickenden Wecker in sein Körbchen. Das Ticken macht die nächtliche Stille nicht ganz so beklemmend und erinnert das Tier an den Herzschlag seiner Geschwister und seiner Mutter, mit denen er seine ersten Lebenswochen in einem Pulk geschlafen hat.

Hilfe, unser Hund frisst Kot!

Das Ausprobieren von »Fundsachen« am Wegrand ist beim Welpen bis zu einem gewissen Maß normal. Der Welpe hat eben nur sein Maul, um Dinge zu untersuchen, die ihm neu und interessant erscheinen. Dazu gehört auch manchmal ein unappetitlicher Kothaufen. In einem solchen Fall sollten Sie bereits von klein auf über den Gehorsam auf Ihren Hund einwirken. Im dritten Kapitel haben Sie gelesen,

Was tun? *Unser Foxterrier Janosch frisst ständig Kot, den er beim Spaziergang findet. Dabei macht er keinen Unterschied, ob ihn ein Pferd, ein Hase, ein anderer Hund oder irgendwelche anderen Tiere hinterlassen haben. Je ekliger etwas ist, desto lieber stürzt er sich darauf. Was können wir dagegen tun?*

wie Sie Ihrem Hund das »Pfui« beibringen. Oft hört das Kotfressen mit zunehmendem Alter von alleine auf. Bis es aber soweit ist, sollten Sie versuchen, Ihrem jungen Hund immer mit den Augen einen Schritt voraus zu sein. Spähen Sie immer wieder die Umgebung und den Weg, der vor Ihnen liegt, ab, so dass Sie möglichst den Misthaufen auf der Wiese oder den zerquetschten Frosch auf der Straße noch vor Ihrem Welpen entdecken und diesen entweder anleinen oder entsprechend weiträumig ausweichen können.
Einige Hunde aber sind richtiggehend gierig auf solche Ekelhaftigkeiten. Bei einer ungewöhnlich einseitigen Gier auf diese Dinge kann auch einmal eine Störung im Stoffwechsel eines Welpen vorliegen. Lassen Sie ihn beim nächsten Impftermin vom Tierarzt untersuchen, und erzählen Sie ihm von dem unseligen Drang Ihres Hundes.

Extratipp In schweren Fällen sowie auch bei plötzlich auftretender Gier auf ekelhafte Dinge beim erwachsenen Hund sollten Sie es einmal mit Heilerde versuchen, die Sie dem Futter untermischen. Manchmal hilft dies.

Geben Sie Ihrem Welpen ein Stück deftigen Romadur oder Ähnliches ins Futter. Oft befriedigt dies sein Bedürfnis nach einem extremen Geschmack.

Müssen Welpen Treppen laufen?

Stufen und kleine Treppen sollte ein Hund bereits im Welpenalter kennen lernen. Vielleicht haben Sie einen Garten, in den einige Stufen hineinführen, oder machen Sie Ihren Welpen bei Gelegenheit auf

Was tun? *Wir haben seit zwei Wochen einen Welpen, einen kleinen Rauhaardackel. Da wir im dritten Stock eines Mietshauses wohnen, muss man bei uns einige Treppen hinauf- und hinunterlaufen. Unser kleiner Dackel fürchtet sich aber vor den Stufen und bleibt unten oder oben am Treppenabsatz stocksteif stehen. Wir tragen ihn dann immer, ist das richtig? Und wird er irgendwann selbst die Treppe laufen? Kann er dabei Schaden nehmen?*

einem Spaziergang mit einer kleinen Treppe bekannt. Solange es nur wenige Stufen sind, stellen sie für Ihren Welpen kein gesundheitliches Risiko dar. Zeigen Sie Ihrem kleinen Hund die Stufen, und gehen Sie ihm voran. Um Ihnen zu folgen, wird er mit Sicherheit auch hinterhersteigen. Wenn er bemerkt, dass so eine Treppe ihm nichts tut, wird er seine Zurückhaltung irgendwelchen Stufen gegenüber schnell verlieren. Es ist absolut richtig, wenn Sie Ihren Welpen große Treppen hinauf- und hinuntertragen. In Ihrem Fall wäre sogar zu empfehlen, dass Sie Ihren Hund auch in späteren Jahren im Treppenhaus grundsätzlich hochnehmen. Mit einem relativ kleinen Hund wie dem Dackel ist dies problemlos möglich.

Dies hat folgenden Grund: Hunde dieser Rasse wie auch Bassetts oder ähnliche Rassen haben bei einem sehr langen Rücken relativ kurze Beine. Für diese Tiere ist das Steigen von Treppenstufen enorm anstrengend und belastend für die Wirbelsäule. Deshalb hat das Tragen dieser Hunde nichts mit Verwöhnen zu tun, sondern dient der Vorbeugung gegen schmerzhafte Rückenleiden beim Hund. Es bedeutet allerdings nicht, dass Sie Ihren Hund auch unterwegs wegen jeder Erhebung hoch nehmen müssen. Selbstverständlich kann auch ein Dackel problemlos ein paar Stufen nehmen. Aber bei großen Treppenhäusern ist in jedem Fall Vorsicht geboten. Allzu viele Treppenstufen können die Tiere schnell überlasten.

Aber auch Hunde aus großen Rassen wie der Schäferhund oder der Hovawart sollten als Welpen in größeren Treppenhäusern so lange wie möglich getragen werden. Ihre Knochen müssen noch viel wachsen und sollten dementsprechend geschont werden. Die Belastung auf

Bei Dackelhunden sowie allen anderen Rassen mit langem Rücken und kurzen Beinen ist die so genannte »Dackellähme« sehr gefürchtet, ein schwerer Wirbelsäulenschaden, der durch zu viel Treppensteigen ausgelöst werden kann.

Wichtig Wenn Sie Ihren Hund zum ersten Mal Erfahrungen mit Treppen machen lassen, beginnen Sie immer zuerst damit, ihm das Hochsteigen zu zeigen. Beim Hinabsteigen geht sein Blick nämlich in die Tiefe, was ihm zusätzliches Unbehagen bereitet. Hat er aber zunächst im Aufwärts erfahren, dass Treppen gar nicht so schwer zu nehmen sind, wird er sich später eher überwinden können, auch wieder hinunterzusteigen.

den Gelenken – vor allem beim Abstieg – ist recht groß und kann sogar zu Schäden führen. Tragen Sie den Hund, so lange Sie es schaffen. Wenn der Hund dann alleine Treppen steigt, achten Sie darauf, dass er langsam geht und nicht die Stufen hinauf- oder hinabstürzt. Die Verletzungsgefahr für Knochen und Gelenke ist sonst groß. Es gibt sogar einige Hunderassen, die nicht in mehrstöckigen Häusern gehalten werden sollten, wie die Deutsche Dogge, die wegen ihrer Größe und ihres Gewichts auch nach Erreichen des Erwachsenenalters nur in Familien gehalten werden sollte, die ebenerdig wohnen.

91

Huskys oder Windhunde sind selten gute Wächter für Haus und Hof. Diese Eigenschaften wurden bei der Zucht dieser Rassen bewusst vernachlässigt, da sie für das ausdauernde Laufen unwichtig oder gar hinderlich sind.

Die Rasse spielt eine große Rolle

Den Bewegungsdrang, den Ihr Hund auf seinen Spaziergängen auslebt, haben ihm seine Ahnen mit in die Wiege gelegt, mindestens von einer Seite. Prüfen Sie also die typischen Rasseeigenschaften.

Was tun? *Unser vier Monate alter Huskymischling macht uns zu Hause allen viel Freude. Nur eines macht uns Sorgen: Beim Spazierengehen zieht er zwischenzeitlich immer weitere Kreise, und auch wenn wir ihn rufen, kommt er nicht her. Er bleibt zwar immer in Sichtweite, macht aber den Eindruck, als würde er gar nicht hören oder hören wollen. Er rennt nur wie wild umher, jagt im Vorbeikommen ein paar Vögel auf oder schnappt nach Fliegen. Das sind wir von unserem vorigen Hund nicht gewöhnt, der auch ein Mischling war, allerdings zwischen Schäferhund und Collie.*

Da Ihr Welpe unter anderem von einem Husky abstammt, ist das ausdauernde Laufen gerade bei ihm eine genetisch verankerte Veranlagung. Diese nordischen Hunde wurden über Generationen hinweg auf das besondere Ziel gezüchtet, unter allen nur denkbaren Umständen vor dem Schlitten zu laufen. Sie sind darauf so fixiert, dass sie sogar weiterlaufen würden, wenn der Musher – der Schlittenlenker – hinter ihnen vom Gefährt fallen würde.

Ein Hund, dessen Vorfahren beispielsweise Hütehunde waren, reagiert vollkommen anders. Seine Vorfahren haben den ganzen Sinn ihres Lebens darin gesehen, mit den Menschen zusammenzuarbeiten und die Herde zu hüten. Nur in besonderen Situationen und mit großer Überwindung würden sie ihr Heim und ihre Familie ohne Aufsicht lassen. Die Erziehung eines solchen Laufhundes gestaltet sich in diesem Punkt, also dem Heranrufen, relativ schwierig. Dasselbe gilt für Hunde, die den Wind- oder Jagdhunden zuzurechnen sind. Sie laufen ihren Besitzern nicht etwa davon, weil sie zuwenig Bindung an ihn haben oder er ihnen im Normalfall nicht genügend Auslauf bietet. Dieses Verhalten gehört einfach zum innersten Wesen dieser Rassen. Zudem kommt Ihr Welpe gerade in seine Rudelordnungsphase, in welcher viele Hunde zum ersten Mal ausprobieren, inwieweit sie sich über die Wünsche ihres Besitzers hinwegsetzen können.

In Ihrem Fall wird es mit Sicherheit nicht zu umgehen sein, dass Sie beginnen, mit der langen Leine das Schlüsselwort »Hier« abzusichern. Und mit Sicherheit ist es auch nicht damit getan, diese beispielsweise erst einmal für zwei Wochen einzusetzen. Benutzen Sie die lange Leine mindestens sechs Wochen lang. Die Einwirkung – sprich der Ruck, der den Hund daran erinnert, dass er gerade gerufen worden ist – muss sehr konsequent und mit Nachdruck erfolgen. Sie muss nachhaltiger auf den Hund einwirken als der Drang, der ihn zum Rennen veranlasst. Wenn Sie zu nachlässig reagieren, wird sein Bestreben davonzulaufen auch in sechs Wochen nicht nachgelassen haben. Erst wenn Sie bemerken, dass Ihr Hund regelmäßig und zuverlässig beim Heranrufen kommt, können Sie den Einsatz dieses

Extratipp Überlegen Sie sich vor der Anschaffung eines Welpen aus den nordischen Rassen sowie aus Jagd- oder Windhundrassen, ob Sie dem gesteigerten Bewegungsdrang und den speziellen Bedürfnissen dieser Rassen im Alltag gerecht werden können. Auch Mischlingswelpen, in denen das Blut dieser besonderen Hunde steckt, können in unerfahrenen Händen ihren Besitzern viele – buchstäblich naturbedingte – Probleme verursachen.

92

Falls Ihr Hund hartnäckig auf dem Sofa schläft, sollten Sie dieses mit doppelseitigem Klebeband versehen. Das Ziepen beim Entfernen aus dem Fell nach dem nächsten Sofaschläfchen wird den Hund eines Besseren belehren.

Hilfsmittels abbauen. Es ist aber sehr gut möglich, dass Ihr Hund während seiner Pubertätsphase erneut seinem Drang nachgibt, trotz allen Rufens Ihrerseits große Strecken in gestrecktem Galopp zurückzulegen. Manche Hunde aus den oben genannten Rassen werden leider, was das Herankommen auf Zuruf betrifft, nie so gehorsam, wie die meisten Besitzer dies gerne hätten. Bei diesen Vierbeinern ist das Erbe, also der Drang zum Rennen oder (im Fall der Jagdhunde oder Windhunde) zum Jagen so groß, dass sie im wahrsten Sinn des Wortes nur über ihre Leiche von diesem angeborenen Trieb ablassen würden. Diese Tiere müssen dann trotz der ständigen Leine viel körperliche Bewegung als Ausgleich bekommen. Lassen Sie Ihren Hund neben dem Fahrrad herlaufen, und unternehmen Sie ausgedehnte Touren mit ihm. Bei sportlichen Menschen, wie etwa Joggern, fühlen sich lauffreudige Hunde gut aufgehoben, wenn sie diese regelmäßig begleiten dürfen. Vorteilhaft ist natürlich auch ein eigener Garten, den Sie dann »ausbruchsicher« einzäunen sollten und wo sich Ihr vierbeiniger Freund zusätzlich selbst Bewegung verschaffen kann.

93

Viele Hundefachleute halten es für Tierquälerei, in unseren Breiten nordische Hunderassen zu besitzen, da sie sich nur in schneereichen, kalten Ländern wohl fühlen.

Hilfe, unser Hund will nicht raus!

Während die einen anscheinend durch nichts und niemand zu beeindrucken sind, haben andere Junghunde mit bestimmten Umwelteinflüssen ihre Probleme, die verschiedene Ursachen haben können.
Das kann zum einen daran liegen, dass der kleine Hund »zart besaitet« ist, zum anderen kann manches Angstverhalten auch auf einen

Was tun? *Ich habe einen dreizehn Wochen alten Dobermann, der sich vor lauten Straßen und auch vor Menschenansammlungen fürchtet. Was kann ich tun, um ihm seine Angst zu nehmen?*

Fehler während der Aufzucht zurückzuführen sein. Welpen, die in ihren ersten Lebenswochen zu isoliert aufwachsen, tun sich oft sehr schwer, sich an die Umwelteinflüsse zu gewöhnen.

Das Beste, was jeder Besitzer eines Welpen in dieser Situation tun kann, ist, den Hund langsam an die Geräuschquellen und seine Umwelt zu gewöhnen, womit er ja die nächsten Jahre Tag für Tag leben muss. Das dürfen Sie aber in gar keinem Fall überstürzen!
Beginnen Sie mit Ihrem Training auf einem nur mäßig belebten Platz, etwa einem Parkplatz in Ihrer Nähe. Marschieren Sie mit Ihrem angeleinten Hund zielstrebig einmal quer über den Platz und wieder zurück. Einige Minuten reichen für den Anfang völlig aus. Vergessen Sie nie, Ihren Hund ausgiebig zu loben, wenn er dies ohne größeres Angstverhalten mitmacht. Er hat es verdient.

Extratipp Führen Sie Ihre erste Übung nicht gerade während des Markttages in der Stadtmitte einer Großstadt durch! Die damit verbundene Hektik und der Lärm könnten Ihren Hund gleich beim ersten Mal so nachhaltig erschrecken, dass er das genaue Gegenteil lernt: Er bekommt nämlich noch mehr Angst. Beginnen Sie an einem vergleichsweise harmlosen Ort.

Mit der Zeit können Sie den Zeitraum verlängern, den Sie neben belebten Straßen oder auf Plätzen verbringen. Sie können dann zum Beispiel auch einmal einen stärker belebten Platz aufsuchen. Wichtig ist immer, die »Dosis« an Belastungen durch die Umwelt langsam zu erhöhen. Bleiben Sie dabei immer ruhig und gelassen, ignorieren Sie die Unsicherheiten Ihres Hundes. Nehmen Sie seinen Ball mit auf den Spaziergang, und lenken Sie Ihren kleinen Vierbeiner immer wieder von den vermeintlichen Gefahren ab. Gleichzeitig verschaffen Sie ihm durch sein Spielzeug, bei dessen Anblick er meist alles andere für kurze Zeit vergisst, ein gutes Gefühl, das er auch langsam mit seiner Umgebung in Verbindung bringt. Die Folge ist, dass seine Angst mit der Zeit und zunehmender Gewöhnung nachlässt.
Hunde, die sich nur sehr schwer oder gar nie an Umwelteinflüsse gewöhnen lassen, obwohl sie eine gute Aufzucht genossen haben, sind meist von Natur aus bzw. von Geburt an so extrem sensibel gewesen. Für diese Tiere ist dann ein Besuch im bevölkerten Stadtpark schon

94

Kennen Sie jemanden, der einen älteren, gut sozialisierten und umweltsicheren Hund besitzt, dann bitten Sie diesen Bekannten mit Ihnen und den Hunden gemeinsam belebte Plätze aufzusuchen. Das sichere Beispiel des Althundes hilft dem jungen, seine Unsicherheit schneller zu überwinden.

aufregend genug. So schreckhafte Hunde sollten möglichst nicht allzu oft solch aufregenden Situationen ausgesetzt sein, sondern in der Regel an ruhigeren und vertrauten Orten ausgeführt werden.

95

Auch wenn im Welpenalter gelegentliches Aufreiten am Artgenossen geduldet werden soll, muss das Klammern an den Beinen von Menschen als einzige Ausnahme von Anfang an unterbunden werden!

Warum reitet unser Hund dauernd auf?

Aufreiten auf einem Artgenossen sieht man bei vielen Hunden bereits im Welpenalter. Diese Handlung ist bei Welpen selten sexuell gefärbt, sondern sie ist ein Teil einer instinktiven Handlung. So wie alle gesunden jungen Hunde im Spiel miteinander raufen und sich balgen, ohne dies ernst zu meinen, üben sie auf spielerische Art auch die Form des Aufreitens, die in ihrem späteren Leben eventuell der Arterhaltung dient. So tut der Hund also nur, was ihm seine Natur befiehlt.

Was tun? *Mein Labradorwelpe ist ein knappes halbes Jahr alt. Er ist ein sehr selbstsicherer kleiner Rüde, der gerne mit anderen Hunden spielt. Was mich aber irritiert, ist, dass er in seinem Alter schon ständig seine Artgenossen besteigen will. Ist das denn für so einen kleinen Hund normal? Was kann ich dagegen tun?*

Bei freilebenden Wölfen dürfen sich nur die Alphatiere, also der Leitwolf und die ranghöchste Wölfin, paaren.

Sehr selbstsichere kleine Hunde neigen eher dazu, einen Artgenossen zu besteigen als unterwürfige Welpen. Aus diesem Grund darf man das Aufreiten ruhig als eine Art Überlegenheitsgeste betrachten, die der Stärkere am Schwächeren vornimmt. Hierbei tun sich manche Hündinnenwelpen genauso hervor wie kleine Rüden.

Im Junghundalter nimmt das Aufreiten dann stärker sexuelle Formen an. Hier heißt es jetzt für den Hundebesitzer aufpassen, damit aus einem normalen Verhalten keine extreme Unart wird. Sollte Ihr junger Hund ständig und bei jeder Gelegenheit auf andere Hunde aufreiten wollen, müssen Sie ihm als Erziehungsberechtigter unbedingt Einhalt gebieten. Nehmen Sie ihn am Nacken, holen Sie ihn mit einem kräftigen Ruck von dem anderen Hund herunter und sagen Sie energisch: »Nein«. Schnell wird er lernen, dass er zwar jederzeit mit anderen Hunden spielen, diese aber nicht andauernd besteigen darf.

Die Gefahr nämlich, dass Sie mit der Zeit einen sexuell überaktiven Vierbeiner an Ihrer Seite haben, der sich auch irgendwann bei Ihnen oder bei jedem Besucher ans Bein klammert, ist groß. Solche Hunde sind extrem unangenehme Zeitgenossen und bleiben aufgrund mangelnder Erziehung in ihrer Pubertät stecken.

Erwachsene Hunde mit einem gesunden Sozialverhalten haben im Normalfall auch einen gesunden Sexualtrieb. Beim Rüden bedeutet dies, dass er deutlich auf den Geruch einer läufigen Hündin in seiner Nähe reagiert, bei Hündinnen lässt sich während der Läufigkeit eine Deckbereitschaft feststellen. In Zeiten aber, in denen keine läufige Hündin den Weg eines Rüden kreuzt oder die Hündin nicht läufig ist, ist ein normaler, gesunder Hund in der Regel nicht sexuell aktiv. Es fehlt sozusagen die natürliche Notwendigkeit dazu.

Zusammenfassend lässt sich also sagen, dass das zeitweilige Aufreiten bei Welpen und jungen Hunden auf Artgenossen normal ist und auch geduldet werden sollte. Nimmt dieser Trieb aber extreme Formen an, sollten Sie über die Erziehung eingreifen, bevor Ihr Hund daraus eine unangenehme Dauererscheinung macht. Das Besteigen von Menschen sollte immer und in jedem Alter tabu sein.

96

Bei Wölfen unterbindet der Leitwolf, der sich allein mit der Alphawölfin fortpflanzen darf, alle sexuellen Aktivitäten der übrigen Rudelmitglieder. Also ist es nicht widernatürlich, übermäßigen Geschlechtstrieb bei Hunden einzuschränken.

Junge Hunde üben das Aufreiten spielerisch. Es gilt auch als Geste der Überlegenheit.

Nachwort

97

Das Motto der artgerechten und natürlichen Hundeerziehung könnte lauten: »liebevoll, aber konsequent!«

98

Lassen Sie sich in einem Hundesportverein den Ausbildernachweis des Welpenkursleiters zeigen. Nur der Schein des Deutschen Hundesportverbandes (dhv) ist in Deutschland gültig.

Nach der Lektüre der vorangegangenen Kapitel haben Sie sicherlich bemerkt, dass die Erziehung eines Hundes nicht nur aus dem hohlen Bauch heraus geschehen sollte. Jeder erwachsene Hund in unserer menschlichen Gesellschaft ist zu einem beachtlichen Teil das Produkt und Ergebnis einer guten oder aber einer schlechten Erziehung durch den Menschen. Das sollte man nicht aus den Augen verlieren.

Verhaltensauffällige Tiere, ungezogene Vierbeiner und Beißunfälle mit Hunden sind fast ausschließlich auf fehlerhaftes Verhalten und eine falsche Behandlung durch Menschen zurückzuführen. Solche Hunde sind eine Dauerbelastung für ihre Umgebung, für den Hundebesitzer und, genau genommen, auch für den Hund selbst. Denn er bekommt ausschließlich unangenehme Rückmeldungen. Und wie viel schöner ist es doch – auch für einen Hund –, gelobt zu werden!

Die beste Vorbeugung ist immer noch, sich gründlich über seinen neuen Partner zu informieren, und zwar möglichst noch vor der Anschaffung des Welpen. Erkundigen Sie sich über die typischen Eigenschaften Ihrer Wunschrasse, über die Wesenszüge der Eltern Ihres Welpen sowie auch über seine Erziehung und die Anforderungen bei seiner Haltung. Fragen Sie Ihren Züchter.

Denken Sie immer daran: Ein guter Erzieher korrigiert, statt zu strafen. Erziehungsmittel, die den Hund erschrecken sollten, darf er niemals mit seinem Besitzer in Verbindung bringen. Sie sollen in seiner Wahrnehmung von irgendwo anders herkommen.

Bereiten Sie den Einzug Ihres neuen Lebensgefährten vor, angefangen vom Schlafkorb bis zum richtigen Hundefutter. Und schließlich – alle Theorie ist grau – suchen Sie Anschluss an Gleichgesinnte.

Andere frisch gebackene Welpenbesitzer lernen Sie in guten Welpenspielgruppen kennen, die glücklicherweise zwischenzeitlich in vielen Orten zu finden sind. Auch Ihrem Welpen wird eine solche Gruppe enorme positive Erfahrungswerte verschaffen. Und er hat dort Gelegenheit, sein Sozialverhalten unter Artgenossen zu trainieren.

Denjenigen Hundebesitzern aber, welche meinen, ihren Hund zu erziehen sei eine Art Tierquälerei, möchte ich Folgendes zum Nachdenken mit auf den Weg geben:

- Ein gut erzogener Hund ist fast überall gern gesehen, ob Sie ihn ins Gasthaus mitnehmen, in den Urlaub oder einfach zu Bekannten. Ein unerzogener Flegel dagegen muss alleine zu Hause bleiben – oder Sie leisten ihm Gesellschaft und meiden in Zukunft jeden Kontakt mit Ihrer Umwelt und anderen Menschen!
- Einem gut erzogenen Hund können Sie in jeder Situation viel mehr Freiheit gewähren. Denken Sie nur an einen Spaziergang oder eine Wanderung: Der unerzogene Flegel hängt den ganzen Tag an der Leine, was nicht unbedingt artgerecht; ist, während der folgsame Hund genügend Bewegungsfreiheit findet und trotzdem in der Hand seines Besitzers steht.
- Seine eindeutige Abstammung macht den Hund zum Rudeltier. Innerhalb seiner Gruppe, sprich Familie, benötigt er eine nur ihm zugewiesene Stellung, in welcher er seine ganz persönliche Freiheit hat. Hat er aber unglücklicherweise nachgiebige Besitzer, die ihm aus falsch verstandener Tierliebe zuviel Freiheit – allerdings nur im

99

Wenn Sie einen Bekannten mit einem ähnlich veranlagten Hund haben, sollten Sie die beiden Vierbeiner – sofern sie sich gut verstehen – miteinander spielen lassen.

Ein langes Hundeleben liegt vor ihm. Hoffentlich kommt er in eine Familie, die ihn artgerecht groß zieht.

menschlichen Sinne – geben, findet das Tier keinen inneren Halt. Das Leben wird für diesen Hund unberechenbar, was ihn zutiefst verunsichert. Um diese beklemmende Situation ohne seine Besitzer in den Griff zu bekommen, wird der Hund früher oder später auffällige Verhaltensweisen an den Tag legen, die auch teilweise eine Bedrohung für seine Umwelt und den Menschen darstellen können. Gerade dann, wenn Sie einen Hund in der Familie halten, müssen Sie die Voraussetzungen schaffen, dass sich ein Hund gut entwickelt. Nur dann wird er die Zuverlässigkeit und Charakterstärke entwickeln, die ihn zum geeigneten Spielkameraden macht. Hier sind die Erwachsenen in der Pflicht, Hund und Kinder aneinander heranzuführen.

100

Eine Viertelstunde Toben kann vom Energieaufwand gleichgesetzt werden mit einer Stunde spazierengehen.

▶ Und zu guter Letzt: Lernen fördert die Intelligenz! Hunde gehören zu den lernwilligsten und neugierigsten Lebewesen, die es gibt. Zumindest das haben sie mit uns Menschen gemeinsam. Nehmen Sie ihm seine Erfahrungsmöglichkeiten, weil Sie meinen, Hunde sollten nicht erzogen werden, so wird er geistig abstumpfen.

▶ Geben Sie Ihrem Welpen eine Chance: Ziehen Sie ihn so natürlich und artgerecht wie möglich groß. Ein treuer, gehorsamer Freund und wunderbarer Partner wird Sie ein Hundeleben lang dafür belohnen!

Für ein Kind gibt es nichts Schöneres, als mit einem Hund aufzuwachsen. Die Erziehung der beiden liegt allerdings in Ihren Händen.

Über die Autorin
Mit Hunden in der Familie aufgewachsen, bewies Carola Kusch schon als Kind großes Einfühlungsvermögen bei der Ausbildung ihres Mischlingshundes. Seit vielen Jahren ist sie erfolgreiche Ausbilderin in Gehorsamskursen und bietet seit 1993 einen der ersten und zwischenzeitlich besten und überdurchschnittlich frequentierten Welpenspielkurse in Süddeutschland an.

Vorwort von Professor Dr. Erik Zimen
Dr. Erik Zimen, geboren 1941, aufgewachsen in Schweden. Seit 1971 lebt er in Deutschland. Er war Mitarbeiter des Haustierspezialisten Wolf Herre, einem Schüler von Professor Konrad Lorenz. Im Nationalpark Bayerischer Wald und in den italienischen Abruzzen betreute er Forschungsprojekte mit Wölfen. Er veröffentlichte wissenschaftliche Publikationen über Wölfe und drehte mehrere Fernsehfilme zum Thema Verhaltensforschung. Zwei seiner bekanntesten Bücher sind:

- Der Wolf – Verhalten, Ökologie und Mythos.
Verlag Knesebeck, München.
- Der Hund – Abstammung, Verhalten, Mensch und Hund.
Bertelsmann Verlag, Gütersloh.

Hinweis
Das vorliegende Buch ist sorgfältig erarbeitet worden. Dennoch erfolgen alle Angaben ohne Gewähr. Weder Autor noch Verlag können für eventuelle Nachteile oder Schäden, die aus den im Buch gegebenen praktischen Hinweisen entstehen, eine Haftung übernehmen.

Adressen

- Verband für das Deutsche Hundewesen (VDH)
Postfach 10 41 54, D-44041 Dortmund
- Deutscher Hundesportverband (dhv)
und Deutscher Verband der Gebrauchshundesportvereine (DVG)
Gustav-Sybrecht-Str. 42, D-44536 Lünen

Bildnachweis
Aline Fähnle, Brucken: 45, 55, 60, 65, 91; IFA - Bilderteam, Taufkirchen: 6 (Rosing), 15 (Habel), 22 (Köpfle), 35 (D. Stock), 37 (AP & F), 48, 59 (Ritterbach), 52 (Weststock), 69 (Reinhard); Image Bank, München: U 4 (J.-P. Pieuchot)12, 63 (S. Grubman), 19, 88 (S. King), 21 (GK & V. Hart); Juniors, Senden: 8, 32, 67, 76 (U. Schanz), 13 (J. u. P. Wegner), 16 (J. Neukampf), 23, 43, 77 (C. Steimer), 38 (S. Freiburg), 40 (M. Kolmikow), 47 (B. Brinkmann), 51 (A. Hecht), 71 (Caspersen), 79 (C. Ströhlein), 87 (Archiv); Carola Kusch, Oberboihingen: 11, 27, 30, 56; Mauritius, Mittenwald: 9 (SST), 56 (Poehlmann), 74 (Pfeileder), Titel/Einklinker (Lacz); Premium, Düsseldorf: Titel/Fond; Karin Skogstad, München: 93; Tony Stone, München: 1 (J. Darell), 25 (Kathi Lamm), 72 (M. York), 94 (M. Cate)

Impressum

Der W. Ludwig Buchverlag ist ein Unternehmen der Verlagshaus Goethestraße GmbH & Co. KG.

Redaktion:
Brigitte Mues
Projektleitung:
Antje Eszerski
Redaktionsleitung:
Dr. Reinhard Pietsch
Bildredaktion:
Gabriele Feld
Produktion:
Manfred Metzger (Leitung), Annette Aatz, Dr. Erika Weigele-Ismael
Umschlag:
Till Eiden
DTP/Satz:
Mihriye Yücel
Druck:
Weber Offset, München
Bindung:
R. Oldenbourg, München

Printed in Germany
Gedruckt auf chlor- und säurearmem Papier

ISBN 3-7787-3807-0

Register